공무원이 좋아하는 장관 1위

오 명
리더십의 비밀

차례

1장

경험이 만드는 새로운 리더십
· 06

과학기술계 리더십의 의미 · 12

2장

한국의 과학기술 혁신 리더 사례 : 오명의 업적
· 24

정보강국의 기틀을 마련하다 · 26

국가 대형 연구개발 시스템을 선도하다 · 41

과학기술 선진화의 문을 열다 · 52

국가 선진화에 기여하다 · 60

3장
'오명'식 리더십을 말하다
• 82

조화 속에 진보가 있다:
"조직의 문화와 전통을 존중하라" • 85

최고의 리더십은 '신뢰': "믿고 일을 맡겨라" • 92

오명이 말하는 '리더십 십계명' • 96

4장
미래 제언
• 106

오명이 제안하는 새 시대, 새 국가 만들기 • 106

5장
심층 인터뷰
• 126

오명 초대 부총리 겸 과학기술부 장관
'심층 인터뷰' • 126

경험이 만드는
새로운 리더십

01

· 과학기술계 리더십의 의미

GREAT SCHOLAR
CAREER DECISIONS

01
경험이 만드는 새로운 리더십

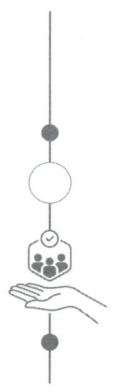

무엇이 '과학기술 리더십'일까? 최고의 '과학기술계 리더'는 누구일까? 한국공학기술한림원에서 출간한 '오명 리더십의 비밀'은 이런 물음에서 출발했다. 과거 어떤 시대보다 빠른 혁신이 일어나고 있는 지금, 대한민국이 세계적 경쟁력을 유지하기 위해선 강력한 과학기술계 리더십의 확보가 무엇보다 중요한 시기라 여겨지기 때문이다.

누구나 자기 분야에서 '최고'가 되고자 한다. 이른바 '수재'들이 모여 있는 이공계 분야 연구자들 사이에서도 소위 '천재'는 있기 마련이다. 그런데 그런 사람들이 반드시 세상, 국가의 미래를 바꿀 만한 뛰어난 업적을 쌓아 올리는 것은 아니다. 왜 그런 일이 일어날까.

이공계의 연구자는 더 똑똑하기만 하면, 더 연구역량이 뛰어나기만 하면 그것으로 충분한 것이 아닐까.

아무리 똑똑한 사람이라도 한 사람의 역량에는 한계가 있기 마련이다. 그렇기에 사람들은 서로를 돕고, 서로의 단점을 보완하며 공동의 목표를 향해 나아간다. 그 과정을 일사불란하게 이끌어 나가는 사람을 보고 우리는 '리더'라고 표현한다.

그런데 수재들이 모여 있는 과학기술계일수록 '리더십'은 더욱 더 중요해진다. 과학기술계의 수재들은 누구보다 많은 공부를 했고, 모두가 자신의 판단에 나름의 과학적 근거가 있다. 그런 사람들이 저마다 목소리를 내기 시작하면 그 고집은 이만저만한 것이 아니다. 어쩌면 과학기술계의 정책을 이끌어 나가는 사람들에게 있어 가장 중요한 자질은 뛰어난 행정 능력이나 연구개발 능력보다, 다른 사람들의 의견을 하나로 엮어 앞을 향해 이끌고 나가는 '리더십'이 아닐까 여겨지기도 한다. 하지만 과학기술계 리더가 되기는 쉽지 않다. 이공계 분야 전문성과 강력한 리더십을 동시에 갖춰야 하기 때문이다. 나아가 과학기술인이라는 독특한 구성원들의 마음을 하나로 모을 수 있어야 한다. 과학기술 분야 리더십은 분명 일반적인 리더십과 분명한 차이가 있다고 할 수 있다.

지금까지 과학기술계 리더, 혹은 리더가 되려는 사람들은 어떻게 리더십을 확보해왔을까. 안타깝게도 리더십을 기르려는 인식 자체가 없는 경우를 자주 볼 수 있다. 물론 리더십의 중요성을 인지하고, 이를 기르기 위해 노력하는 경우도 있지만, 과학기술 분야의 특수성을 고려하지 못해 적잖은 혼란과 시행착오를 겪는 경우도 자주 볼 수 있다. 이는 국내 과학기술 행정체계의 부담으로 이어지며, 국내 과학 및 산업분야 발전의 걸림돌로 작용하고 있다.

물론 과학기술계 리더, 혹은 리더를 꿈꾸는 사람이 일반적인 리더십 방법론을 배우고 익히는 것이 의미 없다 이야기하는 것은 아니다. 그러나 거기서 과학기술계만의 특수성을 고려하기 위해 추가적인 노력을 기울일 필요가 있다.

그 노력은 꾸준한 '사례연구(Case Study)'가 될 수밖에 없다. 이 땅의 선배 중 뛰어난 과학기술 리더십을 지녔고, 그래서 대한민국의 역사에 긍정적 역할을 끼쳤다 평가되는 리더의 그 경험을 궁리하는 것이다. 대한민국 과학기술계의 역사를 쓴 위인들은 인생의 갈림길에 섰을 때 어떤 결정을 내렸을까? 성공과 실패의 경험에서 얻은 노하우는 어떤것들이 있을까? 그들은 일생 만들어 온 철학은 어떤 것들이 있을까? 그들의 업적은 어떤 노력을 통해 얻은 것들일까? 과학기술계 리더가 되고자 하는 사람들은 이런 고민을 켜켜이 쌓아 나갈 필요가 있다.

물론 이런 정보를 손쉽게 확보하기란 쉽지 않다. 이는 기나긴 일생을 살아온 사람만이 가질 수 있는 산 역사이다. 누군가가 많은 시간을 들여 인터뷰하고 장기간 정리해야 만들 수 있는 값진 정보이기 때문이다.

한국과학기술한림원은 이 점에 주목했다. 대한민국의 성공사를 함께 써 온 과학기술 주역의 성공비결을 듣고 그들의 지식과 경험, 노하우를 최대한 정리하여 새로운 시대를 만들어 나갈 이 땅의 후임들에게 전할 수 있다면, 이 땅의 과학기술인들이, 과학기술계라는 특수한 상황에 적합한 '리더십'을 기르는데 큰 보탬이 되리라 믿었다. 이러한 기록은 연구자 및 미래 인재들은 물론이고 리더십을 기르려는 모든 이공계 구성원, 정책입안자 등에게 유용한 자료로 쓰일 수 있으리라

믿고 있다. 나아가 미래 과학기술계, 나아가 국가 발전에 더없이 큰 무형의 자산이 될 수 있을 것이라 기대하고 있다.

다행히 '뛰어난 리더십을 갖춘 성공한 과학기술인'의 대표적 인물을 선정하는 데는 그리 큰 어려움을 겪지 않았다. 우리는 과학기술인, 나아가 대한민국 국민이라면 누구나 그 리더십과 추진력을 인정하는 대표적인 인물에 대해 알고 있고 공감하고 있기 때문이다. '오명 초대 부총리 겸 과학기술부 장관'이 그 주인공이다.

오명의 업적은 국내외에 유사한 사례를 찾아보기 어려울 정도로 특수하다. 과학계 이외에 다양한 분야에서도 활약했지만, 매사 과학기술적 사고를 바탕으로 그만의 '과학기술 리더십'을 펼쳐 왔다. 평범한 사람이라면 일생 한 번도 하기 힘든 주요 요직을 여러 차례 거쳤으며, 수없이 많은 성공사례 역시 남겨 왔다. 체신부 차관-장관을 거치며 국내 정보통신 인프라의 토대를 쌓았다. TDX(전화전자교환기) 개발 사업을 추진해 우리나라에 '1가구 1전화' 시대를 연 것은 그의 대표적 업적 중 하나일 뿐이다. 1993년 개최된 '대전엑스포'의 성공적인 개최를 이끌었으며, 교통부 장관, 건설교통부 장관을 거치며 국내 교통 및 물류 혁신을 이끌었다. 고속철도 국산화를 추진하고, 인천국제공항 건설을 진두지휘하면서 인천을 세계적 항공교통의 중심지로 바꾸어낸 것도 이 무렵이다. 동아일보 사장-회장을 거치면서 국내 언론문화 창달에도 크게 이바지했다. 이후 초대 부총리 및 과학기술부 장관을 거치며 선진 과학기술 국가의 기본 틀을 다졌다. 한국형우주발사체 개발사업을 시작해 우주산업의 기틀을 마련했으며, 핵융합 연구의 기반을 마련하고, 생물다양성연구센터 설립하기도 했다.

다양한 업적과 기나긴 활동 기간을 갖춘 석학인 만큼 그 이야기를 짧은 책 한 권에 모두 담는데 어려움을 많이 겪었다. 여기에 그의 일생 철학과 사상, 노하우 만큼은 가감 없이 담고자 최대한 노력했다. 오명 역시 "이 책이 부디 미래 연구자들에게 '과학기술계를 이끌어 나가는 데 필요한 자질이란 무엇인가'를 생각해 볼 수 있는 계기가 됐으면 더 바랄 것이 없겠다"고 했다. 이 책 한 권이 대한민국의 미래에 작은 도움이나마 되길 간절히 바란다.

한국과학기술한림원 편집팀

GREAT SCHOLAR CAREER DECISIONS
과학기술계 리더십의 의미

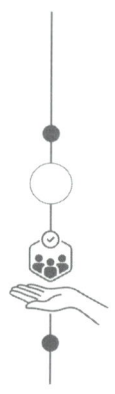

전 세계에는 몇 개의 나라가 있을까. 때에 따라 셈법이 다르지만 보통 많이 통용되는 개수는 196개다. 유엔 정회원 가입국은 193개, 바티칸과 팔레스타인은 참관 회원국으로 등록돼 있어 총합은 195개다. 여기에 타이완(대만)까지 더한 숫자가 196개다. 이 국가들은 저마다 주권을 행사하며 살림을 꾸려 나가고 있다. 세계 최강대국으로 분리되는 국가부터 1인당 국민총소득(GNI) 1,018달러 이하의 '최빈국'까지 다양하다.

각국의 운명은 왜 이렇게까지 달라졌을까. 세계적 빈국(貧國)들은 어떤 이유로 그처럼 척박한 삶을 살게 됐을까. 요인이야 여러 가지를 꼽을 수 있다. 자연조건이 척박한 경우도 많다. 전쟁이나 좋지 못한 치안, 정치적 불안정 등이 계속되면서 사회 발전의 기회를 잡지 못하는 국가들도 눈에 들어온다. 하지만 눈을 선진국으로 돌려 보면 이런 문제들을 결코 빈국만이 가지고 있지 않다는 사실을 알 수 있다. 정치적으로 불안정한 국가는 선진국 중에서도 여럿 찾아볼 수 있다. 잦은 전쟁이 경제발전의 걸림돌이 될 수 있지만 도리어 전쟁을 경제발전의 기회로 삼은 나라 역시 세계사 안에서 얼마든지 찾아볼 수 있다. 자원 부족을 핑계로 삼자면 이미 선진국으로 분류되고 있는 대한민국도 최빈국으로 분류되어도 이상하지 않다. 반대로 남수단은 대표적 자원 부국으로 꼽히지만 여러 최빈국 중에서도 최하위권, 소위 '극빈국'으로 분류될 정도다. 즉 정치나 자원, 자연, 전쟁, 외교 등 다양한 주위 환경은 부국과 빈국을 가르는 부차적 요소로는 작용할 수 있으나 결코 절대적 요소는 될 수 없다는 의미다.

그렇다면 도대체 무엇이 200여 개 국가의 운명을 이처럼 혹독하게 갈라놓았을까.

최빈국-개발도상국-선진국 틀 깨는 유일한 수단

국제통화기금(IMF)과 유엔은 세계 각국의 경제 수준을 3가지 기준으로 구분한다. 선진국과 개발도상국, 그리고 최빈국이다. 물론 선진국은 단순한 부국(富國)을 뜻하는 말이 아니다. 석유자본으로 경제 사정이 세계 최상위권인 카타르나 아랍에미리트 등의 국가는 선진국으로 분류되지 않는다. 선진국은 '경제가 고도로 발달하여 다양한 산업과 복잡한 경제체계를 갖춘 국가'를 칭하는 용어라고 할 수 있다. 석유자본 하나에 의존해 국가 경제를 유지하는 시스템으로는 선진화된 경제체계를 갖췄다고 보기엔 어렵기 때문이다.

이 조건에서 부국과 빈국의 차이는 비교적 명확하게 드러난다. 자원 등 일부 조건에 의지해 경제체계를 유지하는 일부 국가를 제외하면 뛰어난 경제발전을 이룬 부국과 빈국의 차이점은 일목요연하다고 할 수 있는데 이른바 '고도의 산업 시스템'을 갖추는 데 성공한 국가와 그렇지 못한 국가라고 정의할 수 있게 된다. 즉 최빈국이 다소나마 산업 시스템을 갖추고 경제성장의 기본적인 틀을 마련할 수 있다면 개발도상국으로 발돋움할 수 있고, 개발도상국이 다시 고도의 산업 시스템을 갖추는 데 성공해 큰 경제성장을 이루면 선진국으로 발돋움할 수 있다.

'고도의 산업화'를 이루기 위한 필수 조건이야 물론 여러 가지를 언급할 수 있다. 그러나 그 근간에 과학기술이 있다는 점에 이견을 제시할 수 있는 사람은 그리 많지 않을 것이다. 근 수십 년 사이 최빈국 중 개발도상국 단계를 거쳐 다시 선진국 단계까지 뛰어오른 국가는 현실적으로 한국이 유일하지만 개발도상국에서 선진국, 혹은 최빈국에서 개발도상국 수준으로 빠르게 발전해 온 국가는 여럿 발견할 수 있다. 한국을 포함해 이 모든 과정에서 예외 없이 발견할 수 있는 것이 산업화에 대한 의지, 그리고 여기 필요한 과학기술 분야에 대한 집중적인 투자를 꼽을 수 있다. 2022년 말 골드만삭스는 경제보고서[1]를 발표하고 최근 산업 시스템이 급성장하고 있어 2050년 이후 세계 경제 15강에 들어설 신흥 공업국들을 소개했는데 중국, 인도네시아, 브라질, 멕시코, 이집트, 사우디아라비아, 나이지리아 등이 꼽혔다.

---

1 https://news.mt.co.kr/mtview.php?no=2022121211374664596

어느 국가나 21세기 초반부터 시장경제 도입을 시작하고 과학기술 투자 및 산업화에 대단한 공을 들여왔다.[2] 최빈국이라면 개발도상국이, 개발도상국이라면 선진국이 되고 싶은 것은 주지의 사실일 것이다. 그 기본적 방법이 과학기술 투자를 통한 산업 부흥이라는 사실은 국가정책을 입안하는 사람이라면 누구나 알고 있는 일일 것이다.

문제는 '누구나 알고 있는' 이 과학기술 혁신을 과연 '어떻게' 시행하느냐 하는 점이다. 성공한 과학기술 정책을 펴 온 국가는 과연 어떤 노력을 기울여 왔을까. 실패한 국가가 놓친 점은 무엇이었을까. 빠르게 성장하고 있는 국가, 혹은 과거 빠르게 성장했던 국가의 과학기술 정책 성공 사례를 짚어보면 예외 없이 그 중심에 과학기술의 개발 및 산업화 과정을 진두지휘했던 '혁신 리더'가 있었다는 사실을 알 수 있다. 몇 가지 사례를 짚어보자.

---

2 임덕순, 최진영. 2002. 이집트의 과학기술체제와 정책. 과학기술정책연구원

세계 각국의 과학기술 혁신 리더 사례

우선 짚고 넘어가야 할 것은 중국이다. 중국의 초고속 성장의 이면에는 주목할 만한 점이 있다. 중국의 과학기술 투자는 1960년대로 거슬러 올라간다.[3] 1961년, 중국 공산당 중앙위원회에서 '1963~1972년 과학기술발전계획 강요(이하 강요)'를 제정했다. '과학기술 현대화가 농업·공업·국방과 과학기술 현대화의 핵심'임을 천명하며 과학기술의 발전이 중국 경제 및 사회 발전에 토대라는 것을 강조한 연구지원 프로젝트였다. 그러나 실시 3년 만에 발생한 '문화대혁명'으로 인하여 모든 조치가 멈추게 된다. 이 시기에 돌파구로 제시된 것이 바로 '양탄일성(수소탄, 원자탄, 인공위성) 체제'이다. 농업혁신마저 어려운 시기에 핵과 인공위성을 만들자는 프로젝트를 어떻게 추진하게 됐을까. 중국 정부는 이 임무를 맡길 한 사람의 혁신 리더를 물색하게 된다.

| 첸쉐썬 박사 (출처: 위키피디아)

---

[3] 박동운, 백서인, 이다은. 2021. 지속가능발전을 위한 산업·혁신정책 연계 아시아 사례 연구. 과학기술정책연구원.

미국 MIT 교수로 재직 중이던 첸쉐썬 박사를 중국으로 귀국시키고, 1949년 설립한 중국과학원에 대한 전권을 위임하기에 이른다. 첸쉐썬 박사는 미사일 설계를 담당하는 설계 연구원 원장과 중국과학원 초대원장을 동시에 담당하면서 핵심 국방 기술인 원자폭탄(1964년), 수소폭탄(1967년), 인공위성(1970년), ICBM(1980년) 개발을 모두 주도하는데 성공한다. 이 사례 이후 중국은 과학기술자에 대한 철저한 예우와 리더십 확보에 공을 들인다. 중국은 매년 과학기술인 중 최고 영예직인 '원사' 수백 명을 선발하는데, 국가 지도자조차 이들을 존중하고 그 결정을 허투루 하지 않고 존중하는 모습을 보인다.

다음 사례로 인도를 보자. 인도는 가난한 나라라는 인식이 있지만, 국가 전체 총생산은 세계 수위(2022년 세계 5위)권을 자랑한다. 더구나 최근의 빠른 산업화 과정은 결코 무시하기 어려워 2050년엔 세계 3위, 2075년엔 세계 2위로 올라설 전망이다.[4] 이런 인도의 빠른 산업화 과정 뒤에 숨은 과학기술계 혁신 리더로는 '아불 파키르 자눌라브딘 압둘 칼람(이하 압둘 칼람)'이 꼽힌다. 압둘 칼람은 인도의 항공우

---

4 https://news.mt.co.kr/mtview.php?no=2022121211374664596

주공학자이자 정치인으로, 2002년부터 2007년까지 인도의 제11대 대통령을 지냈다. 과학자가 대중의 지지를 얻어 대통령에 당선된 사례인 것이다. 물리학과 항공우주공학을 공부했으며, 40년 동안 주로 국방연구개발기구(DRDO)와 인도우주연구기구(ISRO)에서 인도의 우주개발 프로그램과 탄도미사일 발사체 개발 등을 이끈 입지전적인 인물이다. 또한 인도의 핵실험에도 참여해 조직적, 기술적, 정치적 분야에서 모두 중추적 역할을 한 것으로 알려져 있다. 그의 리더십 덕분에 인도는 과학기술의 기반을 다졌고, 그가 국가를 이끈 덕분에 현재의 산업화 기틀을 다졌다고 해도 과언은 아닐 것이다. 그는 2015년 7월 27일 강연 도중 83세의 나이로 심장마비로 사망했다.

| 압둘 칼람 전 인도 대통령 (출처: 위키피디아)

한국은 이미 선진국 반열에 올라있다. 혁신 리더를 중심으로 국가의 역량을 집결해 발 빠르게 성장해 나가던 과거의 방식이 더는 맞지 않는다는 지적도 나온다.

그러나 부를 창출하기 위해선 '과학기술 혁신을 통해 산업적 결실을 보아야 한다'는 기본적 공식은 선진국이라고 예외는 아니다.

미국, 유럽 등 선진 각국의 경우 이 같은 성향을 기업 활동에서 찾을 수 있다. 이 공식이 국가만을 위한 것은 아니라는 이야기다. 기업이라면 연구개발을 통해 경쟁기업과 차별화되는 기술력을 확보하는 것이 원천적 경쟁력 확보의 기본이며, 이 과정에서 역시 모든 과정을 주도할 리더의 역할이 필수적이다. 그래야만 고품질의 제품이나 서비스를 개발할 수 있고, 안정적인 매출확대로 이어질 수 있다.

월마트의 창업자 '샘 월튼'도 잘 알려진 기업 혁신 리더 사례다.[5] 샘 월튼은 경제학과 출신이었지만 과학기술 도입이 매출에 지대한 영향을 미칠 것이라는 점을 예견하고 특별히 기술에 대해 투자를 집중했다. 세계 최초로 물류 데이터처리센터를 설립해 그룹 내부에 실시간 모니터링 기능을 갖춘 컴퓨터 물류정보망을 구축, 구매, 주문, 배송, 판매의 원스톱 서비스를 실현한 것으로 유명하다. 이뿐 아니라 다양한 첨단 기술을 상대적으로 대단히 발 빠르게 도입해 왔다. POS 시스템 도입(1983), 전자데이터 교환시스템(EDI)을 이용한 자동 송장 시스템

---

[5] 조형례, 박성현, 정선양. 2010. 서비스 산업에서의 과학기술의 역할과 새로운 서비스 혁신 모델의 모색: 월마트와 인천국제공항공사의 사례를 중심으로. 기술혁신학회지.

도입(1985), 전 세계 매장을 재고 일괄 관리를 위한 위성통신망 개발 및 도입(1987) 등을 이끌었다. 이 결과 월마트는 세계적 유통 체인으로 성장할 수 있었다. 이 밖에도 혁신 리더를 통한 기업의 성공 사례는 적지 않게 확인할 수 있다. 빌 게이츠나 스티브 잡스, 최근 자주 화제가 되는 일론 머스크 등의 사례는 이미 대중에 너무도 잘 알려져 있다. 이 역시 훌륭한 혁신 리더 사례로 꼽을 만하다.

리더는 전체를 움직이는 힘이다. 올바른 리더가 없으면 조직이 효율적으로 움직이지 못한다. 과학기술 분야에서 리더의 힘은, 국가를 혁신하는 원동력이라 칭해도 무리가 없지 않을까 여겨진다.

02

오명의 업적

한국의 과학기술 혁신 리더 사례:

- 정보 강국의 기틀을 마련하다
- 국가 대형 연구개발 시스템을 선도하다
- 과학기술 선진화의 문을 열다
- 국가 선진화에 기여하다

GREAT SCHOLAR
CAREER DECISIONS

02
한국의 과학기술 혁신 리더 사례: 오명의 업적

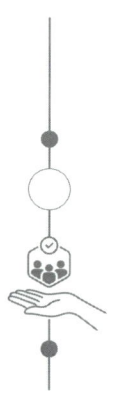

국내에서 과학기술계를 뿌리부터 혁신한 사람을 꼽으라면 역시 오명 초대 부총리 겸 과학기술 장관(이하 오명)을 빼놓고 이야기하기 어렵다. 오명의 이력은 화려하다. 평범한 사람이라면 일생 한 번도 하기 힘든 주요 요직을 일생동안 여러 차례 거쳤다. 그 과정에서 맡은 소임을 다 하는 것은 물론, 역사에 남을 만한 굵직한 국가적 프로젝트 다수를 성공으로 이끌었다. 성공이 반복되니 다음번에도 그를 믿고 찾는 사람이 이어진다. 이런 선순환은 그에게 '직업이 장관인 사람'이라는 별명까지 달아주게 된다.

초대 부총리 겸 과학기술 장관
오명이 걸어온길

History

1980
- 1981　체신부 차관
- 1987　체신부 장관
- 1989　대전엑스포 정부대표 겸 조직위원장

1990
- 1993　한국야구위원회(KBO) 총재
- 1993　교통부 장관
- 1994　건설교통부 장관
- 1996　동아일보 사장 및 회장
- 1996　그린패밀리 운동연합 총재
- 1996　한국과학기술한림원 정회원·종신회원
- 1996　한국공학한림원 정회원·원로회원
- 1996　그린훼밀리운동연합 총재·명예총재
- 1996　국제언론인협회(IPI) 한국위원회 이사
- 1996　데이콤 초대이사장
- 1998　아시아신문재단(PEA) 한국위원회 이사
- 1998　예술의전당 비상임 이사
- 1999　한국정보보호진흥원 초대이사장

2000
- 2000　경기고등학교 총동창회장
- 2000　국립암센터 초대이사장
- 2000　한국정보문화협의회 회장
- 2000　한국디지털대학 이사장
- 2001　한국엔지니어클럽 회장
- 2002　아주대학교 총장
- 2003　한국사립대학총장협의회 회장
- 2003　과학기술부 장관
- 2004　부총리 겸 과학기술부 장관
- 2005　건국대학교 총장

2010
- 2010　한국과학기술원(KAIST) 이사장
- 2010　중국 북경연합대학교 영예교수
- 2010　웅진에너지·폴리실리콘 회장
- 2011　에쓰오일과학문화재단 초대이사장
- 2013　동부하이텍 회장
- 2016　한국뉴욕주립대학교 명예총장
- 2017　몽골 후레대학교 명예교수
- 2019　육군사관학교 석좌교수

GREAT SCHOLAR CAREER DECISIONS
정보강국의 기틀을 마련하다

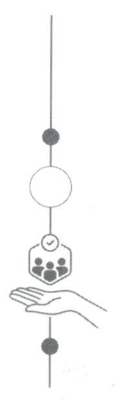

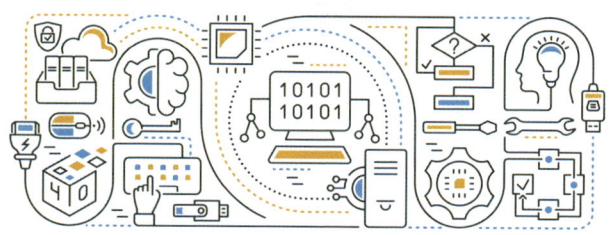

　오명의 업적 중 가장 먼저 꼽을 수 있는 것이 '국가 정보화 시스템 구축'일 것이다. 그는 청와대 비서관부터 시작해 체신부 차관·장관을 지낸 시기에 '산업화는 늦었지만, 정보화는 앞서가자'는 소신으로 다양한 정보화 시스템 구축사업을 진행했다.

전자산업 육성에 앞장

당시 경제 관료들은 기술 개발 속도가 빠르고 기술 수명이 짧은 전자산업은 우리나라와 같은 후진국에는 적합하지 않은 것으로 보았다. 그러나 오명은 당시 우리나라의 모든 여건을 사항별로 늘어놓고 산업별 연관표를 만들어 비교 분석하는 테이블을 작성했는데, 거기에 테이블에 따라 배점한 결과 전자산업이 높은 점수가 나왔다. 전자산업이 노동집약적이면서 첨단 기술이기 때문에 우리나라에 가장 적합한 산업이라는 결론을 유도해서 설득 작업을 벌였다. '전자공업육성장기정책'을 청와대가 단독으로 만들지 않고 관련 부처와 산업계, 연구소의 브레인들을 모아 팀을 만들었다. 이 계획의 기본구상은 반도체, 컴퓨터, TDX(전화전자교환기)를 3대 전략 목표로 하고 5년 이내에 전자산업의 생산 및 수출을 2.5배 늘림으로써 전자산업을 기계 산업과 맞먹는 주력산업으로 육성한다는 것이었다. 또한, 전자산업의 구조를 가전제품 위주에서 기술 집약형 산업전자와 부품산업으로 전환한다는 것이었다.

'전자공업육성을 위한 장기계획' 마련

오명은 컬러 TV 정책이 성공하자 본격적으로 '전자공업육성을 위한 장기계획'을 마련한다. 당시 전자산업 부문별 비율을 보면 가전산업이 44%, 부품산업이 44%, 산업전자 부문이 12%였는데, 1986년까지 산업전자의 비율을 20%로 끌어올리도록 했다. 20%를 목표로 한 산업전자의 상당 부분은 실은 정보통신산업이었다. 오명은 산업전자야말로 모든 하이테크 분야의 기반이므로 산업전자의 발전이 곧 우리나라 하이테크 산업의 성패를 좌우한다고 보았다.

그 시절 전자산업의 가장 큰 걸림돌은 뜻밖에도 엄청나게 비싼 세금이었다. 컬러 TV를 비롯한 각종 전자제품에 엄청나게 비싼 특별소비세가 부과되고 있었다. 컬러 TV에 부과되는 세금은 63.2%로 피아노나 보석보다도 높았다. 오명은 재무부장관을 직접 찾아가 간곡히 부탁하였고 그 결과 '새로 개발되는 전자제품에 대해 4년간 특별 세제 혜택'을 받아낼 수 있었다. 컬러 TV와 VCR 등 '새로운 전자제품에 대해 2년간 특별소비세를 면제하고, 다음 2년간은 50%를 감면하도록 한 것이다. 1981년 3월 '전자공업육성장기정책'(안)이 완성되고 3개월

동안 관계부처의 협의를 거친 끝에 7월 15일 대통령의 최종 재가를 받아 정부정책으로 확정되었다. 이 정책의 성공적 추진으로 전자산업은 1986년 기계 산업을 앞질렀으며, 1988년에는 우리나라 최대 산업이었던 섬유산업을 앞지르면서 우리나라 주력산업이 되었다. 전자산업이 주력 산업으로 발전하면서 우리나라 경제발전에 큰 도움이 되었지만, 그보다 더욱 중요한 점은 1980년대 이후 이룩한 정보통신혁명의 기술적 토대를 마련했다는 점에서 더 큰 의미가 있다. '전자산업육성장기정책'은 대한민국의 전자·통신·정보산업의 획기적 발전을 가져오는 역사적인 사건으로 평가될 가치가 있다.

컬러 TV 방영 주도

그가 청와대 경제과학비서관이 되어서 제일 먼저 부닥친 현안은 컬러 TV 방영 문제였다. 우리나라 전자산업은 1976년까지는 대만과 비슷하게 발전해왔는데, 컬러 TV가 나오는 시점에서 뒤떨어지기 시작했다. 도시-농촌 간 위화감이 생긴다는 이유로 컬러 TV 방영이 금지되었던 시절이었다. 1980년에 들어오면서 국내의 전자산업은 매우 어려운 처지가 되어 가전 3사들은 부도 직전 상태까지 몰릴 정도였다. 당시 그는 '가전 3사 앞잡이'라는 말을 들으면서까지 컬러 TV 방영을 강력하게 추진했다. 마침내 1980년 12월 1일, KBS TV가 최초로 컬러 TV 방영을 시작하였으며, KBS 2TV와 MBC TV는 12월 22일부터 컬러 TV 방송을 시작했다. 비로소 우리나라도 컬러 TV 시대에 들어섰는데, 이는 미국보다 29년 늦은 일이었다. 늦었지만 컬러 TV 방영으로 한국의 전자산업은 기사회생하게 되었다. 가전 3사가 공장을 풀가동해도 컬러 TV를 구하기 어려울 정도였다. 국민들의 소비패턴도 바꿔놓아 컬러와 디자인이 중요한 요소가 되었고 식품, 화장품, 패션산업 등이 크게 일어나 당시 마이너스 성장에 직면해 있었던 우리 경제도 다시 성장가도를 달리게 됐다.

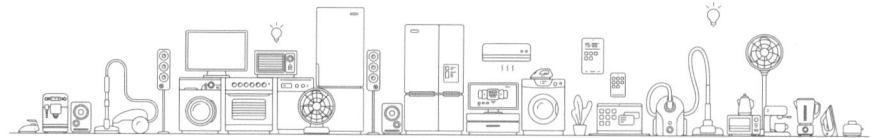

국가 정보화 체계 개편:
IT 강국 기본 시스템의 태동

　오명이 차관으로 부임하면서 체신부는 정보화 사회를 리드하는 부처로 탈바꿈한다. 오명은 '첫째, 만성 전화적체를 해소하고 기본 통신을 완전히 충족시킨다. 둘째, 통신기술을 발전시키고 통신 산업을 육성한다. 셋째, 정보화 사회의 기반을 조성한다는 3대 슬로건을 취임사를 통해 밝히고 개혁에 들어갔다. 일주일에 두 번씩 하던 차관주재 간부 회의를 한 번으로 줄이고, 한 번은 세미나로 바꿨다. 앞으로의 사회는 어떤 사회가 될 것인가? 정보화 사회란 무엇인가? 정보통신이 왜 중요한가? 2000년대 정보화 사회를 대비해서 우리는 무엇을 해야 할 것인가? 등이 주요 주제였다. 처음에는 외부 전문가를 초빙했고, 오명 차관이 직접 강의를 하기도 했다. 후반에 들어서서는 체신부 간부들이 돌아가면서 연사가 되어 강의하고 토론을 했다. 이렇게 토의된 내용과 아이디어를 모아 '2000년까지의 정보통신 장기계획'을 수립했다. 이때 만들었던 계획은 실제로 2000년대 초반까지 체신부의 정책으로 활용됐고, 우리나라가 정보통신 강국으로 발전하는데 밑거름이 됐다.

전화 시스템 개편으로 시작된 한국통신혁명

우리나라 통신은 1885년 서울과 인천 간에 개통된 전신망이 효시일 정도로 긴 역사가 있으나 1970년대까지는 후진성을 면치 못하고 있었다. 만성적인 전화적체와 통화품질의 불량으로 국민의 불편이 극심했고 심지어 낙후된 통신이 국가 발전에 걸림돌이 된다는 비판도 받아야 했다. 당시에 청색전화, 백색전화 제도가 있었다는 것을 기억하는 사람이 얼마나 있을지 모르겠다. 청색전화는 국민을 청약 우선순위에 따라 5등급으로 나누었고 신청해도 1년 이상 기다려야 하는 일이 예사였다. 거래가 가능한 백색전화 1대 값은 서민 주택만큼 비쌌으며 전화를 제2의 재산 목록이라고 부르기도 했다.

이 문제를 해결하기 위해 정부가 직접 운영하는 통신사업을 분리해 '공사'로 만들자는 안이 일찍부터 제기되어 왔었다. 1957년부터 여러 차례 검토되었으나 실천에 옮기지는 못하고 있었다. 그러다 오명이 청와대 경제 수석비서 팀에 합류하면서 통신공사 설립 작업은 급물살을 타게 된다. 오명은 일본의 사례를 검토하고 전화 사업은 통신공사로 일원화하고, 데이터는 통신회사를 설립해 양쪽으로 분리하기로 했다. 마침내 1980년 12월 19일, '통신사업 경영체제 개선안'이 정부방침으로 확정됐다.

이 단계에서 오명은 청와대 경제과학비서관에서 체신부 차관으로 부임하게 된다(1980년 5월). 이후 오명은 통신공사 설립위원장과 데이터통신회사 설립위원장을 맡아 한국전기통신공사(현재의 KT)와 한국데이터통신주식회사(당시 데이콤, 이후 LGU+에 합병됨) 설립을 진두지휘하게 된다. '한국전기통신공사'와 '데이콤'의 설립은 우리나라 정보통신 역사를 바꾼 획기적인 사건으로 평가되고 있다.

이후 오명은 정보통신 관리 및 사업 체계를 개편하여 전화와 정보통신 서비스를 획기적으로 개선함으로써 국민 편익을 획기적으로 증진한 바 있다. 전화를 신청하고 1년 이상을 기다려야 했던 서비스를, 전화를 신청하면 당일 놓아주는 세계에서 가장 빠른 서비스로 바꾸어 놓았다. 전화 놓기가 하늘의 별 따기만큼이나 힘들었던 때와 비교하면 그야말로 상전벽해라고 할 수 있었다. 또한 정보화 사회에 대비한 기반체제를 구축하고 관련 기술 개발과 산업육성에 앞장섬으로써 몇 년 사이에 우리나라가 세계 제1의 정보통신 강국으로 성장하는데 기여했다.

전기통신공사 설립

오명은 체신부 통신정책국 발족(1982.1.1.)을 이끌었고 더 나아가 한국전기통신공사 설립(1982.1.1.)도 추진했다. 체신부로부터 통신사업을 분리해 운영할 조직이 필요했기 때문이다. 공사 설립에는 어려운 과제들이 산적해 있었다. 공사의 조직은 어떤 모습이어야 하나? 인원을 어떻게 분리할 것인가? 재산을 어떻게 분리할 것인가? 남게 될 체신부 조직이 과연 정부 부처로서 존립할 수 있느냐 하는 문제를 심각하게 검토했다. 8만여 명의 직원을 두 분야로 나누는 대단히 어려운 일이었다. 이를 뒷받침하기 위해 140여 개의 법률안과 시행령, 규정들을 만들어야 했다. 처음엔 많은 사람이 공사로 가지 않으려 했다. 정부에서 10여 명 인사만 해도 잡음이 나기 마련인데 8만여 명의 인사를 하는 것은 정말로 어려운 작업이다. 정부수립 이래 가장 큰 인사였다. 총 7만 9,151명의 체신부 직원 중에서 3만 5,432명이 공사로 이직했고 4만 3,791명이 체신부에 남았다. 그리고 체신부에서 공사로 이관된 관서는 총 153개 기관이었다. 정부수립 후 최대 규모의 인사이동이었지만 잡음이나 무리 없이 진행돼 훌륭한 행정사례로 남았다.

새롭게 출범한 통신공사는 전화적체를 해소하고 우리나라가 정보통신 선진국으로 발돋움할 수 있는 기초를 다지는 데 크게 기여했다. 전화 가입자는 1981년 말 349만 회선이었으나, 1982년부터 연평균 100만 회선 이상의  규모로 증가하여 1987년 6월에는 드디어 1,000만 회선을 돌파했다. 전국전화의 자동화율도 1987년 6월을 기하여 100% 달성해 전화적체 해소와 전국자동화를 마무리했다. 전화를 신청하면 가설되는데 1년 이상 걸리던 세계에서 가장 열악했던 통신서비스가, 불과 수년 사이 1가구 1전화 시대를 달성하고, 전화를 신청하면 당일로 가설해주는 세계에서 가장 빠른 서비스로 변모하게 된 것이다. 전기통신공사 설립 과정은 우리나라의 행정의 모범적인 사례가 되었으며 공사의 성공적인 운영은 정보화의 기반이 되었다.

한국데이터통신주식회사(DACOM) 설립

오명은 데이터통신회사 건립 사업도 빠르게 진행했다. 설립추진위원회를 구성해 위원장을 맡았고 그 밑에 실무전담반을 두었다. 이 사업을 주도할 '데이터통신 전담회사'는 민간 주도로 운영할 수 있도록 상법상의 주식회사로 하여 경영의 전문성과 독자성을 보장하도록 했다. 그러나 데이터통신에 대한 인식이 낮은 민간기업의 반응은 냉담했다. 오명 차관이 직접 나서 "지금 당장은 수익이 나지 않더라도 장래는 대단히 밝다. 처음 5년 동안의 적자는 정부가 보전해 주겠다"고 약속하자 기업들이 반응을 보이기 시작했다. 결국 1982년 3월 29일, 자본금 59억 8,000만 원의 한국데이터통신주식회사(데이콤, DACOM)가 설립되고 정보통신사업, 정보처리 및 정보의 수집 가공 및 판매, 국내외 데이터뱅크와의 연결 운영 등의 사업을 담당하게 됐다. 오명은 전용통신회선 사업이 데이콤에 주요 수입원이 되도록 했다. 이 수익을 이용해 데이콤은 아시안게임 지원과 서울올림픽 지원, 행정 전산망 사업 등을 추진하고 정보문화센터를 설립하여 많은 국민에게 정보화 사회를 교육하는 등 폭넓은 서비스를 제공하여 우리나라 정보화 사회

조기 정착에 크게 기여하게 된다. 데이터통신 전담회사를 전화와 따로 떼어 운영한 것은 우리나라가 처음이다.

다양한 연구개발 기관 설립

오명은 정보혁신을 위해 다양한 연구개발 기관을 발족하기도 했다. 우선 첨단 연구 및 기술 개발을 담당하기 위하여 1985년 3월 26일 기존의 한국전기통신연구소와 한국전자통신기술연구소를 합병해 대전 대덕연구단지에 대형 연구소인 한국전자통신연구원(Electronics and Telecommunications Research Institute, ETRI)을 발족시켰다. ETRI는 TDX(전화전자교환기) 개발, 4M DRAM 반도체 개발, 슈퍼미니컴퓨터 개발, CDMA 핸드폰 기술 개발, WIBRO, DMB 개발 등 IT 기반기술을 개발하여 우리나라가 IT 강국으로 발전하는 기술적 뒷받침을 했다.

서울대에 반도체공동연구소를 만든 것도 짚고 넘어갈 필요가 있다. 당시 서울대 교수진의 반도체 연구소를 설립 협조 요청이 있었고 오명은 과학기술처 차관과 함께 문교부 차관 사무실에 찾아가 반도체 연구소를 만들어야 할 필요를 설명하고 협조를 요청, 예산을 만들어 내는 데 성공한다. 모든 대학도 연구소를 활용할 수 있도록 이름을 '반도체공동연구소'로 지었다.

통신정책연구소(KISDI)는 2000년대를 향한 통신정책 개발을 위하여 1985년 2월 설립됐다. 후에 정보정책연구원으로 명칭이 바뀌었다. 이 밖에 한국이동통신주식회사(1984.3.), 한국항만전화주식회사(1985.12.), 한국통신기술주식회사 설립 (1986.1.), 한국통신진흥주식회사(1986.5.), 한국전산원 설립 (1987.1.) 등의 설립에도 기여했다.

| 1987년 열린 '전화 1,000만 회선 돌파 기념 행사'

정보화 복지사회 기틀 마련

오명은 1980년대 당시 "2000년대에 정보화 사회가 정착되었을 때 모든 국민에게 정보의 혜택이 고루 돌아가는 복지사회가 되겠는가?" 하는 점을 많이 고민했다고 한다. 정보가 어느 특정계층에 편중되면 빈부격차, 도시-농촌 간 격차를 심화하기 때문이다. 문제를 해결하기 위해 오명은 체신부 내에서 선제적으로 대책을 마련한 바 있다. 후일 복지사회를 만들기 위한 플랜을 초기부터 준비했다는 점에서 세계 전문가들로부터도 높이 평가받는 내용이다. 그 내용은 다음과 같은데, 우선 지역과 관계없는 정보획득요금을 만들기로 했다. 당시 서울 시내 전화 한 통화 요금은 10원이지만 서울과 제주도 간의 통화는 500원이었다. 정보는 대부분 도시에 모여 있는데 이렇게 정보획득에 들어가는 비용이 크게 다르면 지역 간 격차는 더 커질 것이었다. 그래서 전국을 하나의 요금 권으로 만들고 이를 위해 전국에 같은 장비를 공급했다. 대부분의 나라에서는 대도시에는 값비싼 고성능장비를 설치하고 통신사용량이 적은 시골에는 저렴한 장비를 설치하는데 우리나라는 도시건 시골이건 관계없이 전국에 같은 성능의 장비를 설치했다.

전 국민에게 정보화의 혜택을 고루 누리게 하고자 하기 위해서였다.

그 다음 집중한 것이 교육이었다. 정보를 획득하고 이용하는 국민의 수준을 향상시키기 위해 전국에 '정보문화센터'를 세우고 30여 년간 미래정보사회에 대한 홍보와 컴퓨터 교육 등을 진행했다. 컴퓨터에 관심이 적은 주부들을 위해 '주부 100만 교육계획'을 만들어 각 컴퓨터 학원을 지원하였는데, 결과는 200만 명이 넘는 인원을 교육한 성과를 거두었다. 또한 각 대학에 부탁하여 시니어 컴퓨터 교육도 했다. 특히 국방부 장관과 협의하여 모든 장병이 제대할 때 '정보검색사 2급' 이상의 자격을 갖도록 하기도 했다. 군의 '컴맹 없애기' 방침은 대통령 관심 사항으로 추진되었고 당시 신문에도 크게 보도된 바 있다.

GREAT SCHOLAR CAREER DECISIONS
국가 대형 연구개발 시스템을 선도하다

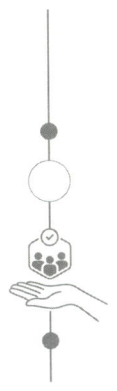

오명을 이야기하면서 'TDX 신화'를 빼놓을 수는 없다. 국산 TDX 개발 성공 사례를 이야기한다. 첫 번째 모델 TDX-1 개발에 240억 원, 두 번째 모델 TDX-10 개발에 560억 원, 그리고 계속된 과제를 통해 총액 1500억 원이 투입된 역사적인 대형 연구개발 프로젝트였다. 당시 연구개발 비용에 10억 원 이상이 투입되는 것은 생각하기 어려웠던 점을 생각하면 대단히 이례적인 일이다. 그러나 TDX 연구개발 사업은 5조 원 이상의 전화 교환기 수입 비용 절감을 가져왔고 연구개발

(R&D) 투자도 돈이 될 수 있다는 확실한 성과를 보여준 사건이었다. TDX 성공 이후 오명은 다양한 연구개발 프로젝트를 계속해서 성공시켰고 그와 같은 대형 R&D가 계속 이어졌다. 이후 오명은 4M DRAM 반도체 개발 사업까지 관여하게 됐다. 이후 이 연구개발 투자 시스템은 64M DRAM 반도체 개발, 슈퍼미니컴퓨터 개발, CDMA 핸드폰 개발, 와이브로(WIBRO; 한국형 4세대 이동통신), DMB(디지털 멀티미디어방송) 기술개발 등으로 이어지며 우리나라 연구개발 풍토를 바꾸는 계기로 작용한다.

TDX 개발사업

TDX는 국가 총력전으로 성공시킨 연구개발 사업이라 할 수 있다. 정부가 기획하고 수요자인 전기통신공사가 관리하고, 전자통신연구소(ETRI)를 중심으로 경쟁 관계인 대기업들이 함께 공동개발하여 연구결과를 나눠 가짐으로써 제품을 조기에 성공시킨 특별한 모델이다. 일반적으로 연구소에서 개발한 제품이 상품화되기까지는 상당한 시간이 걸리는데 TDX 경우는 협력연구와 기술전수가 동시에 이루어져 제품화 기간이 대폭 단축되었으며 사용자인 전기통신공사가 품질관리와 사업관리를 동시에 진행했다. TDX 개발로 통신 후진국이었던 우리나라는 단숨에 통신 선진국 대열로 뛰어올랐다.

당시의 분위기는 TDX의 국내 개발이 불가능하다는 분위기였다. 선진국 가운데서도 전자식 교환기의 개발에 성공한 나라는 열 나라도 안 되며 인도와 브라질이 TDX를 개발하다 실패한 바 있어 반대 의견이 거셌다. 오명이 TDX 개발을 구상한 것은 이미 청와대 경제비서관 시절부터였다. 그 당시 만들었던 '전자공업육성 장기정책'에서 3대 전략품목으로 반도체, 컴퓨터와 TDX를 선정했었던 것. 그러다가 오명이 체신부로 오면서 TDX 개발을 국책과제로 선정하고 밀어붙인 것이다. 오명이 ETRI 소장을 불러 TDX 개발 프로젝트에 대한 의견을 묻자 소장은 처음 회의적 반응을 보였다고 한다. "연구비가 최소한 백억 원 이상이 들 텐데 무슨 수로 그 돈을 만들겠느냐?"고 했고 비용을 계획서로 올리라고 하자 연구소에서 240억 원을 올렸다고 한다. 나중에 240억 원의 근거를 알아보니 어차피 안 줄 돈인데 최대한 올려서 신청한 액수였다고 한다. 하지만 오명은 이 돈을 집행했다. 당연히 우려의 목소리가 컸다. 관련 기업에서는 물론 체신부 내에서도 젊은 차관이 어떻게 책임지려고 무모한 프로젝트를 밀고 나가는지 염려가 많았다. 그러나 오명은 처음부터 '이 프로젝트는 실패할 수 없는 일'이라는 자신을 가지고 있었다. 우리가 TDX를 개발하기 시작하면 원가 계산도 정확히 할 수 있고 바잉 파워가 생겨서 외국제품을 구매할 때 최소한 10%~20%는 깎을 수 있는데, 매년 교환기 구매에 쓰이는 예산이 5,000억 원이 넘는다. 10% 깎으면 500억 원, 20% 깎으면 1,000억 원이 절감되므로 연구개발에 실패하더라도 남는 장사가 된다는 계산이었다. 더구나 연구개발은 최종 목표를 달성하지 못한다 하더라도 그 과정에서 수많은 요소기술이 개발되어 다양한 성과가 축적되므로 100% 성공할 수 있는 프로젝트라고 생각한 것이다.

240억 원이라는 사상 초유의 연구개발비를 받게 된 ETRI 연구원들의 자세는 비장했다. 이들은 "TDX의 개발을 위해 최선을 다할 것이며 만약 개발에 실패할 경우 어떤 처벌도 달게 받겠다"는 내용의 서약서를 작성해 모든 임원이 서명하고 연구원들에게 회람까지 시켰다. 이 서약서는 후일 관계자들에게 'TDX 혈서'로 불리게 됐다. 결국 ETRI 내에 전담조직인 'TDX 개발단'이 생겼다. 독립된 예산권을 주고 차관에게 직접 보고하도록 했다. 그리고 관련 생산업체인 금성반도체, 동양정밀, 삼성반도체통신을 참여시키고 경쟁을 유도하기 위해 대우통신을 합류시켰다. 경쟁하는 대기업들이 함께 모여서 정부지원 하에 공동연구개발을 하는 새로운 사례를 만든 것이다. 처음 연구소 내에서 일부 반발이 있었으나 오명은 직접 연구소 현장에 내려가 단장으로부터 보고를 받았다. TDX 개발단장이 관련 기관이나 업계의 이해관계에서 벗어나 자율적인 결정을 하고 신속한 추진을 할 수 있도록 뒷받침했다. TDX는 결국 이렇게 개발에 성공하게 된다.

국내에 전화 보급을 획기적으로 앞당길 수 있었던 것은 TDX 국산 개발 성공에 기인한다.
1987년 총 1,000만 전화가 보급되고 1가구 1전화 시대를 달성할 수 있었던 것도 TDX 개발이 없었다면 어려웠을 것이다. 이것이 잘 알려진 80년대 '코리아 전화 혁명'이다. 또한 과학기술 분야 R&D라도 돈을 벌 수 있다는 확실한 성과를 보여줘서 이후 우리나라에 대형연구 개발 사업이 가능해졌다.

| TDX 개발 현황을 살펴보고 있는 오명(당시 체신부 차관)

TDX 성공 요인은 무엇일까. 무엇보다 사전 계획이 치밀했고 연구개발 순기개념을 제대로 도입하고 능력 있는 책임자를 발탁해서 책임지고 일할 수 있도록 권한을 부여한 것이다. TDX 개발단을 만들어 독립적 운영을 하도록 하고, 당시 가장 경험이 많은 연구자를 책임자로 스카우트하였다. TDX 품질보증단과 TDX 사업단을 만들어 이 역시 최고의 적임자에게 일임하였다. 가장 중요한 것은 상상하기 어려운 수준의 많은 연구비를 마련한 것이다. 10억 원 프로젝트도 드물었던 시절에 기발한 방법으로 1,000억 원이 넘는 연구비를 지원한 것이

다. 그러나 무엇보다 중요한 것은 체신부의 강력한 정책 의지라 하겠다. 특히 오명은 많은 사람의 회의와 반대를 무릅쓰고 소신껏 추진하여 TDX 개발을 성공시켰다. TDX 성공으로 국내 교환기 수요를 충족시킨 것은 물론 당시는 생각하기 어려웠던 통신 산업 제품을 수출하게 되었고 관련 기술은 타 산업에도 널리 파급되었다. TDX는 국가 총력전으로 성공한 연구개발 사업이라 할 수 있다. 체신부가 정책을 세우고 수요자인 전기통신공사가 관리하고 전자통신연구소를 중심으로 경쟁 관계에 있던 4대 기업이 공동개발에 참여하여 기술을 나눠 가짐으로써 상품을 조기에 성공시킨 특별한 모델인 것이다. 일반적으로 연구소의 개발 제품이 상품화되기까지 상당한 기간이 소요되는데, TDX의 경우에는 협력연구와 기술 연구가 동시에 이루어져 제품화 기간이 대폭 단축되었다. 사용자인 전기통신공사가 품질관리와 사업관리를 진행하여 생산과 현장 설치가 연결된 특별한 케이스라 할 수 있다. TDX 개발 과정은 그 후 대형 연구개발 프로젝트를 추진할 때마다 참고하는 본보기가 되었다. 반도체 개발, 국산 컴퓨터 개발, CDMA 핸드폰 개발 등도 같은 방법으로 공동개발하게 된다. TDX는 통신, 컴퓨터와 반도체 기술이 융합된 전자통신 산업의 핵심으로 관련 산업에 미치는 파급효과가 대단히 크다. TDX 개발에 성공함으로써 우리나라는 컴퓨터와 반도체산업 육성에 기여하게 되었고 컴퓨터 및 소프트웨어 기술, 반도체 및 소재기술, 시스템 엔지니어링 기술, 정보통신 기술, 대형 연구개발 사업의 관리기법, 평가 및 품질보증 기술 등 여러 분야의 발전에 이바지했다.

국가 반도체 개발사업

오명 차관은 청와대 비서관 시절부터 '반도체산업 육성정책'을 만들고 대통령의 적극적 지원 의지를 끌어낸 바 있다. 당시는 많은 사람이 반도체에 대한 이해가 없었기 때문에 추진하기가 어려웠다. 당장 주무 부처 담당 공무원들도 반도체가 뭔지 모르는데 반도체산업 육성이 될 리가 없었다. 그래서 공무원부터 교육해야겠다고 생각해 만화를 넣은 '반도체란 무엇인가?'라는 책자를 만들어 배포했다. 또한 반도체를 넣은 넥타이핀과 문진 등을 만들어서 배포해 반도체에 관심을 두도록 했다.

오명은 반도체야말로 전자산업의 핵심이며 첨단산업의 핵심이기 때문에 국가가 육성해야 하는 사업이라는 점을 역설했다. '반도체산업 육성계획' 정책을 입안하는 동안 전두환 대통령에게도 반도체 실물을 들고 가 여러 번 보고하면서 이해를 넓혔다. 대통령은 반도체의 중요성에 공감하고 적극적인 지원을 해주었다.

일부 경제학자들은 반도체 기술은 워낙 첨단 기술이기 때문에 우리 형편에서 투자하는 것은 밑 빠진 독에 물 붓기가 될 가능성이 크다고 반대했다. 그러나 오명은 우리의 능력으로 반도체 분야에서 조기에 경쟁력을 갖기는 어렵겠지만 반도체가 모든 전자산업 그리고 첨단산업과 기술의 근간이 되기 때문에 언젠가 할 바에는 하루라도 빨리 투자를 하는 것이 유리하다는 논리를 굽히지 않았다.

오명은 TDX와 같은 방식으로 개발하면 승산이 있다고 보고 결국 '반도체 공동개발안'을 제시한다. 반도체 개발은 우리나라 경제발전을 위해 꼭 필요한 과제로 여겨졌다. 개발에 대한 공감대는 형성되었지만 어느 부처가 반도체 개발을 주도할 것인지를 놓고 일 년여 간 신경전이 벌어졌다. 당시 차세대 반도체인 4M DRAM(4메가 디램)을 개발하기로 했는데, 이것의 개발을 체신부가 주관해야 한다는 의견이 많았다. 그 이유는 반도체가 정보통신 장비 분야에서 폭발적인 수요가 있을 것이라고 예상했기 때문이다. 따라서 통신을 담당하고 있는 체신부가 반도체를 개발하는 것이 바람직하다고 생각은 일견 타당했다. 또한 현실적으로 어느 부처도 400억 원에 이르는 엄청난 개발 예산을 감당할 능력이 없었다. 반면 체신부는 R&D 자금을 조성해 낼 수 있고 TDX 개발을 성공한 경험도 가지고 있었다.

그러나 오명은 과학기술처 장관을 찾아가 주무 부처가 되어 달라고 요청하고 100억 원의 연구비를 약속받는다. 200억 원은 체신부가 지원하고 나머지 100억 원은 참여하는 3개 업체가 부담토록 했다. 물론 개발은 ETRI가 담당하도록 했다. 드디어 1986년 8월 4M DRAM 공동개발이 정부방침으로 확정되었다. 오명은 ETRI에 '반도체개발사업단'을 만들고 삼성, LG, 현대를 함께 참여시켰다. 그리고 400억 원의 연구비를 지원하고 600억 원의 장비구매비를 특별융자하기로 했다.

4M DRAM은 1988년 2월 첫 제품생산에 성공했다. 퇴임을 열흘 정도 앞두고 전두환 대통령은 많은 어려움을 물리치고 개발에 성공한 주역들을 청와대에 불러 만찬을 베풀 정도로 기뻐했다. 반도체 개발에 대한 전두환 대통령의 의지는 확고했다. 그는 퇴임을 며칠 앞두고

체신부 장관이 된 오명을 청와대로 불러서 "반도체 개발은 대단히 중요한 사업이니 오명이 노태우 당선자를 찾아뵙고 보고를 드려서 64메가 디램을 계속 개발할 수 있게 하라. 내가 별도로 시간을 내시도록 말해 주겠다"고 하기도 했다.

결국 6공화국에서도 반도체 개발 프로젝트는 그대로 이어졌다. 64M DRAM 개발이 범정부적 프로젝트가 되어 추진됐고 오명은 다시 체신부 장관으로 기용됐으며 TDX 경험을 살려 다양한 분야에서 협력했다. 그 결과 우리나라는 1992년 세계 최초로 64M DRAM 개발에 성공했다. 참고로 우리나라의 4M DRAM 개발은 미국과 일본에 이어 세계 3번째이며 64M DRAM은 세계 최초이다. 반도체 강국 대한민국의 역사는 이때부터 시작된 셈이다.

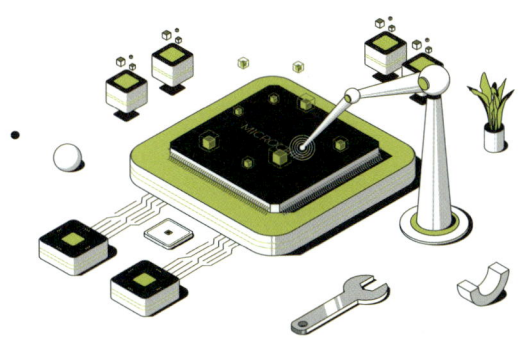

GREAT SCHOLAR CAREER DECISIONS

과학기술 선진화의 문을 열다

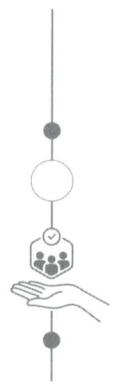

 2000년 초 한국 경제는 국민소득 1만 달러에서 십 년간이나 정체된 상태였고 국가시스템을 혁신하여 새로운 발전의 원동력을 찾아야 하는 전환기적 시기에 있었다. 노동과 자본의 투입으로 양적 성장을 추구하던 체제는 한계에 도달했고 과학기술이 국가 경제를 선도하는 새로운 패러다임으로 바뀌어 가고 있었다. 새로운 도약을 위해서는 기술혁신주도형 경제로의 전환이 요구되는 시점이었다. 이 시기에 오명은 부총리 부서로 승격된 과학기술부 수장으로 다시 입각했고, 재임 동안 과학기술 시스템 선진화를 위해 다양한 사업을 벌였다.

우주 한국의 기반조성

오명은 2005년을 우주개발 원년으로 선포하고 우주개발진흥법을 제정했다. 이 근거에 따라 추진된 것이 '나로호' 개발사업과 '한국 우주인 배출 사업'이다. 우주 기술은 전자, 기계, 바이오 등 모든 첨단 기술의 집합체로서 관련 기술은 모든 산업 분야에 파급되는 것이다. 자기공명영상(MRI), 컴퓨터단층촬영(CT), 내비게이션 기술, 고어텍스 옷감, 티타늄 골프채, 탄소섬유 등 모두가 우주개발과 연관이 있다. 선진국이 되기 위해서는 우주개발에 참여하지 않을 수 없다. 우주발사체 기술은 군사적으로도 가치가 크다.

한국형우주발사체 개발사업 추진

당시 우리나라는 군사적으로 300km 이상 거리의 미사일 개발을 하지 못하게 되어 있었다. 이 벽을 넘는 방법은 민간 분야에서 인공위성을 쏘아 올리는 로켓을 개발하는 길뿐이었으나 미사일 기술로도 쓰일 수 있는 우주발사체 관련 기술을 협력해 주는 곳을 찾기란 거의 불가능했다. 이에 오명은 러시아에 주목했다. 러시아는 당시 우리나라의 차관을 쓰기도 했고 어려움을 겪고 있을 때라 특별한 협조를 받을 수 있었다. 러시아 우주 청장은 매우 우호적이었다. 러시아 우주 청장은 오명에게 인공위성을 만들 합작회사 설립을 제의하기도 했다. 한국의 IT 기술이 세계적이기 때문에 양국이 협조하면 최고의 작품을 만들어 낼 수 있을 것이라는 이야기였다. 오명은 한-러 정상회담 안건에 우주 발사체 기술 협력을 포함 시켰고 결국 러시아의 최신 로켓기술을 협조받기로 하는 데 성공했다. 그 결과 우리는 많은 기술자를 러시아 개발현장에 파견하는 데 성공한다. 나로호를 쏘아 올리는 순간 모두가 긴장했다. 왜냐하면 우리가 만든 인공위성을 우리 땅에서 쏘아 올리는 것이고 과거에는 우리가 생각지도 못했던 미국이나 러시아 같은 선진국만이 가능했던 우주개발에 우리가 참여하는 것이기 때문이다. 나로호 1~2차 발사는 실패했지만 이를 통해 많은 경험을 쌓았고 결국 최종적으로 3차 발사에 성공했다. 이렇게 확보한 기술은 차세대 한국형우주발사체인 '누리호' 개발 성공의 밑바탕이 됐다.

| 나로호(KSLV-1) 발사장면
(출처: 한국항공우주연구원)

한국 우주인 배출 사업

한국 최초의 우주인으로 '이소연' 박사가 선발됐으며 러시아에서 훈련을 받고 국제 우주정거장에서 과학실험 임무를 완수하고 무사히 복귀했다. 이 사업은 유인 우주인 배출 경력이 전무한 국내 과학기술계 입장에서 다양한 정보를 습득할 좋은 기회로 여겨졌다. 이 사업도 오명이 과기부에 재직하던 시절 이뤄졌다. 이소연 박사가 우주인이 된 후로 과학자가 되겠다는 청소년이 37%에서 67%로 올라간 것을 보면 우주인을 올려 보낸 것은 국민의 과학에 대한 인식을 넓히는 데 도움이 되었다 여겨진다.

과학기술 연구기반 마련

　부총리 부처로 승격된 과학기술부는 국가 혁신의 중심 역할을 담당하도록 새로운 과학기술 행정체제를 도입했다. 과학기술혁신본부를 두어 과학기술 정책은 물론 과학기술 관련 산업, 인력, 지역 혁신정책 등 미시경제 전반을 총괄 조정토록 한 것이다. 또 여러 부처가 관련된 현안을 조정하는 과학기술관계장관회의를 신설하고 국가과학기술위원회(위원장: 대통령)는 과학기술부 장관이 부위원장이 되고 과학기술혁신본부가 사무국 역할을 담당하도록 함으로써, 심의기능을 강화해 실질적인 종합조정 기능을 수행하도록 했다.

　1인당 국민소득 3만 달러 시대를 향한 새로운 미래 성장 동력과 먹거리 창출을 위해 부가가치가 큰 성장 동력 10대 산업을 선정하고 한국형 고속열차, 해수담수화용 원자로(SMART), 자기부상열차, 대형 위그선(WIG Craft) 등 산업파급효과가 크고 부가가치 창출이 가능한 과제를 중심으로 대형 국가연구개발 실용화 사업을 추진했다. 이와 같은 국가 성장 동력 분야를 중점 지원하기 위해 2006년 과학기술국채를 성공적으로 발행하여 2,252억 원 규모의 추가 재원을 확보했다.

대덕연구개발특구

추진 2005년 1월, 우리나라 정부는 '대덕연구개발특구 등의 육성에 관한 특별법'을 제정하고 같은 해 7월, 대전광역시 대덕구 및 유성구에 2,130여만 평을 '대덕연구개발특구'로 지정했다. 2005년 8월, 과학기술부 장관을 위원장으로 하고 관계부처 장관과 민간 전문가들이 참여하는 '연구개발특구위원회'를 구성했으며 연구 성과의 사업화 촉진, 벤처 생태계 조성, 글로벌 환경 구축, 연구소기업 설립 등을 중점 추진하여 연구와 비즈니스 기능이 결합한 혁신 클러스터로 성장하기 위한 기반을 마련했다.

국제핵융합실험로(ITER) 사업 적극 참여

오명이 부총리 겸 과학기술부 장관으로서 추진한 사업 중 자신하는 일 중 하나는 국제핵융합실험로(ITER) 프로젝트 사업에 적극적으로 뛰어든 일이다. 세계 선진 7개국이 참여하는 핵융합 발전소 건설 프로젝트를 뜻한다. 지구상의 작은 태양을 만들자는 프로젝트이다. 핵융합 발전은 원자력 발전보다 훨씬 많은 에너지를 생산할 수 있으며 핵폐기물 문제도 없어 꿈의 에너지로 기대를 모으고 있다. 2050년 상용화를 목표로 프랑스에 건립 중이다. 우리나라는 한국형핵융합실험로(KSTAR)를 보유하고 있었는데 오명은 이 사업의 연장선상에서 ITER 사업에도 적극적으로 뛰어들어 우리나라가 미국, 일본, EU, 러시아, 중국, 인도와 함께 7개 회원국 중 하나가 되도록 하는데 큰 기여를 했다. ITER 회원국 가입에 성공했으며 ITER 실물이 건설 중인 프랑스에 인재를 파견토록 했고 국내 기업들이 ITER에 장비를 공급하는 사업에 적극적으로 참여하도록 독려했다. 사무차장으로 한국인을 보내는 데도 성공했다.

| 프랑스 카다라쉬에 건설 중인 국제핵융합실험로(ITER) 구조 (출처: ITER 사무국)

생물다양성연구센터 설립

전 세계 생물 종 139만 종 가운데 우리나라는 단지 2만 5,000종을 보유하고 있을 뿐이다. 신약개발, 식량문제 해결, 대체에너지 개발, 공산품 원자재 확보 등과 관련한 생명공학 산업 발전을 위해서는 무엇보다 해외생물자원 확보가 시급한 실정이다. 이를 위해 오명은 전 세계를 4대 권역화하여 생물자원이 많은 코스타리카, 중국 운남성, 말레이시아, 남아프리카공화국에 현지 생물자원거점센터를 설립하고 이들과의 전략적 국제 공동연구를 추진했다. 특히 코스타리카는 단위 면적당 생물자원 밀도가 세계에 두 번째이고 '국립생물다양성연구소(INBio)'라는 영어 사용이 가능한 국제적인 연구기관을 보유하고 있어서 최초 거점 국가로 선정했다. 2005년 7월 코스타리카를 방문하고 코스타리카 대통령과 생물자원 연구센터 설립 계획을 협의했다. 이에 따라 한국생명공학연구원과 코스타리카 국립생물 다양성 연구소 간에 협약을 체결했다.

GREAT SCHOLAR CAREER DECISIONS
국가 선진화에 기여하다

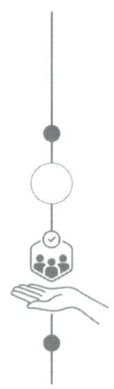

오명은 체신부와 과학기술부를 거치며 이 땅의 정보화 및 과학기술 혁신을 이끈 '과학기술 분야 리더'로 유명하다. 그러나 그의 업적은 그 밖에도 다양하다. 1993년 열린 대전엑스포 사업을 성공적 유치·운영하고 건설교통부 장관을 지내며 인천공항 건설을 주도하고 동아일보 사장으로 재직하며 언론 혁신에도 이바지한 바 있다. 이 밖에 여러 대학의 총장·이사장으로 근무하며 교육 혁신에도 적잖은 기여를 했다. 이런 다양한 업적은 '대한민국의 선진화'에 큰 도움이 됐다.

개발도상국 최초의 '엑스포' 개최

    1993년에 열렸던 대전엑스포는 개발도상국이 처음으로 도전한 행사다. 엑스포는 현재까지 발전되어온 첨단 기술을 선보이고 바람직한 미래의 모습을 보이는 행사이므로 선진국만이 개최할 수 있는 행사라는 인식이 컸기 때문이다. 오명은 1993년 대전엑스포의 정부 대표 겸 조직위원장으로 국제박람회기구(BIE) 공인을 획득하고 국내외 참가자들을 유치하였으며 27만 평(약 89만㎡)의 회장을 건설하고 93일간 계속된 엑스포를 치르는 전 과정을 성공적으로 이끌었다.

| 제107차 BIE총회에서 '93대전엑스포'가 만장일치로 공인된 순간

엑스포 공인이 불가능하다는 분위기에서 만장일치로 공인을 받아내는 과정은 참으로 통쾌한 한 편의 드라마였다. 엑스포를 제대로 치르겠느냐고 걱정하던 분위기에서 108개국 33개 국제기구와 1,400만 명의 관람객을 유치하고 세계 엑스포 전문가들로부터 가장 성공한 엑스포라는 평가를 끌어낸 것이다. 대전엑스포는 우리나라가 엑스포에 처음 참가한 시카고 엑스포가 열린 때로부터 꼭 100년 만에 우리가 주최국이 되어 치른 엑스포로, 엑스포 사상 가장 많은 나라와 국제기구가 참가한 행사였다. 특히 많은 개발도상국이 참여하여 어려운 여건을 디디고 짧은 시간에 발전한 한국의 경험을 나누었다. 또한 국제질서가 재편되면서 러시아와 동유럽의 많은 국가도 참여하여 우리의 북방외교가 실질적으로 성공하였음을 보여주는 장이었다. 대전엑스포 회장에서는 미래 정보사회에서 변화될 우리의 모습을 수없이 많이 선보였다. 회장 곳곳에 미래사회를 체험하고 이해할 수 있는 전시 연출을 다양하게 준비하여 새로운 변화의 물결을 온 국민이 느낄 기회를 제공했다. 대전엑스포는 개최도시 대전의 발전을 10년 이상 앞당기는 계기로 작용하기도 했다. 엑스포 기간 중 대전 일원에 투입된 사회간접자본 투자액이 당시 대전지역개발 예산의 열 배가 넘었다는 것으로 설득력이 있다. 또한 대전의 이미지를 지구촌에 널리 알린 천문학적인 광고 효과도 거두었다. 대전시는 엑스포를 치르면서 우리나라 6대 도시에서 5대 도시로 도약했다. 대전엑스포의 성공 이후, 개발도상국의 엑스포 개최 신청이 이어졌고 이러한 공로를 인정받아 국제박람회기구(BIE)는 2007년 파리 총회에서 골드메달을 오명에게 수여한 바 있다. 또한 대전시는 오명을 제1호 대전 명예시민으로 선정했고 대전 유성구민들은 그의 업적을 기려 '오명 송가비'를 세워주었다. 오명 송가비는 지금도 대전엑스포과학공원에서 볼 수 있다.

대한민국 교통체계 혁신

이후 오명은 교통부 장관으로 임명되기에 이른다. 엑스포가 끝난 후, 그는 구단주 총회에서 선출된 최초의 야구위원회(KBO) 총재로 근무하고 있었는데, 갑자기 문민정부(김영삼 대통령) 임명 하에 교통부 장관으로 발령이 난 것이다. 당시 교통부 장관에게 주어진 최대 임무는 두 가지였다. 인천공항 건설, 그리고 관광 한국의 이미지 제고였다.

세계 최고의 공항을 만들다

오명은 새로운 공항이 단순히 크기만이 아니고 더 중요한 역할을 해야 한다고 여겼다. 그리고 동북아가 세계 경제의 중심이 되면서 한·중·일 삼국 간의 경쟁은 더욱 뜨거워질 것이고 이때 가장 중요한 것이 허브공항을 갖는 일이라고 판단했다. 앞으로 30년 후, 자가용 비행기 시대를 대비해 제5, 제6의 활주로까지 만들 수 있는 부지를 확보했다. 그렇다고 부지를 30년 동안 빈 땅으로 놓아둘 수는 없는 일이니 골프장으로 쓰다가 필요할 때 활주로를 만들자고 하였다.

건설할 조직을 구성하는 것도 문제가 됐다. 건설비가 수조 원에 이르는 단군 이래 최대 사업건설할 조직을 구성하는 것도 문제가 됐다. 건설비가 수조 원에 이르는 단군 이래 최대 사업을 한국공항관리공단의 1개부서가 맡고 있었다. 오명은 확실히 책임질 조직을 만들고 법적 뒷받침을 하는 일이 급선무라고 여겨 인천국제공항건설공단(완공 후 인천국제공항관리공단으로 개명)을 설립했다. 경험 많고 강직한 사람을 공단 사장으로 임명해 업무를 일사천리로 밀고 나가도록 했다. 그 결과 마침내 인천국제공항이 개항했다. 오명은 개항 첫날을 "개항 준비 과정에서 들끓었던 언론의 요란한 비판이 무색하게 인천국제공항은 첫날부터 아무런 사고 없이, 마치 오래 운영해 안정된 공항처럼 완벽하게 문을 열었다. 관제 업무, 출입국업무, 수하물 처리시스템 어느 하나 문제없이 완벽했다"고 회고했다. 인천국제공항의 완벽한 개항은 국제사회에서 굉장한 뉴스가 됐다. 인천국제공항이 성공적으로 운영되자 세계 여러 공항에서 자기들의 공항 운영을 맡아주도록 요청이 들어왔다. 그리고 인천국제공항 건설에 참여했던 기업들은 세계에 새로운 공항이 건설될 때마다 높은 평가를 받으면서 참여하고 있다.

| 인천공항전경 (출처: 인천국제공항공사)

다시 찾고 싶은 한국을 만들다

교통부 장관의 주 업무 중 하나는 관광 산업의 관할이다. 오명은 1994년 한국 방문의 해를 맞이해, 우리나라가 가진 가장 큰 문제점 중 하나가 공항의 짐 조사라고 생각했다. 당시엔 공항 보안검색대를 통과할 때면 공항 직원이 속옷까지 꺼내 가며 샅샅이 뒤졌다. 이런 일을 겪은 사람이 다시 한국을 찾고 싶을 리가 없겠다 여긴 오명은 과감히 짐 조사를 없앴다. 이 문제를 관광 선진국으로 진입하는 첫 번째 관문으로 본 것이다. 그러자 대통령경호실에서 우려를 전해 왔다. 테러 위험 등이 높아질 수 있으니 당장 그만두라는 압력이었다. 도대체 누가 책임질 거냐는 말에 오명은 "내가 책임지겠다"라고 했다. 이를 위해 국제선이 있는 전국 모든 공항의 내부 구조와 검색대를 바꾸고 고속 엑스레이도 설치했다. 세관 문제도 신고하는 짐에 대해서만 세금을 매기고, 나머지는 원칙적으로 그냥 통과시켰다. 당시는 일본에서도 보안검색대에서 일일이 짐을 조사하고 있던 시절이었다. 개방 정책에서 한국이 일본보다 앞서 나가기 시작한 것이다.

교통의 '속도'를 바꾸다

오명은 공항뿐 아니라 대중교통에도 손을 댔다. 당시엔 교통 상황이 좋지 않았다. 특히 고속도로는 명절이면 차로 부산까지 가는 데 10시간 이상, 목포까지 가는 데는 14시간씩 걸리는 일이 다반사였다. 이에 오명은 고속도로 버스전용차로제를 실시하고자 했다. 우선 서울 시내에서 고속도로로 연결되는 구간에 버스전용차로를 설치하는 일이 급선무였으므로 서울시장과 경찰청장을 만나 협의를 했다. 모두들 좋은 일이라고 찬성을 했다. 특히 서울시장은 시내의 도로 중 많은 부분을 버스전용차로로 지정해 주는 등 적극 협조를 해줬다. 그러나 정작 협조를 해줘야 할 건설부와 한국도로공사가 미온적이었다. 오명은 백방으로 협조를 구하고 다녀, 추석을 앞두고 도로공사와 하행선 버스전용차로제를 시범 운영하는 데 성공했고, 다음 날 대통령에게 직접 칭찬을 들을 만큼 좋은 반응을 얻어냈다. 이후 건설부와 교통부가 통합되면서 오명은 '건설교통부 장관'이 되었고 이후 버스전용차로제를 전국으로 확대하기에 이른다. 우리나라에서 현재 운행되고 있는 고속도로 버스전용차로 제도는 이때 시작된 것이다.

고속철도 국산화를 이끌다

시속 300km로 운행하는 한국형 고속철도, 즉 KTX는 프랑스의 테제베(TGV)를 수입한 것이다. 이 도입사업에도 이견이 많았지만 오명은 성공적으로 추진하여 안착하기에 이른다. 이후 한국기술로 독자적으로 고속철도를 개발키로 하고 한국의 IT 기술과 철도기술연구원의 기술을 합쳐 '시속 420km'로 달리는 한국형 고속열차 개발 및 상용화를 주도한다. 현재 철도기술연구원은 시속 600km로 달리는 열차를 개발 중이다. 철도기술연구원은 오명의 이런 공로를 인정하여 철도기술연구원 강당을 오명홀로 명명했다. 이는 정부 자산 중 개인 이름이 붙은 단 하나의 건물이다.

| 한국형 고속열차 시승 장면

국가 정보화에 앞장선 언론사 대표

오명은 건설교통부 장관을 그만둔 후 동아일보로 사장으로 이직한다. 기자 경력이 없던 그였기에 많은 사람이 우려했고 경쟁사에서는 몇 달 가지 않을 것이라는 의견도 나왔다. 그러나 오명은 우려와는 달리 5년 6개월간 동아일보에서 사장에 이어 회장까지 역임하고 발행인, 편집인, 인쇄인을 겸하면서 동아일보를 성공적으로 혁신해 나갔다.

오명은 사장 취임사를 통해 "지난 한 세기 한국 신문사를 정론과 직필로 주도해온 민족주의의 숭고한 지향을 생각하며 이 자리에 섰다"며 "동아일보를 21세기 정보화 사회를 이끌어가는 초일류 매체로 바꿔나가기 위해 여러분과 함께 힘을 모아 정진하겠다"고 선언했다. 그가 5년 6개월간 해 온 일은 적지 않다. 1996년 9월 동아일보의 인터넷 신문인 '마이다스 동아일보'를 창간해 뉴미디어 진출의 첫걸음을 내디뎠다. '마이다스 동아일보'는 이후 '동아닷컴'으로 탈바꿈해 대표적인 인터넷 매체로 자리를 잡았다. 1997년 한국을 강타한 외환위기 때는 강도 높은 구조조정을 시행해 동아일보가 재도약하는 기틀을 마련했다. 1999년에는 삼성 SDS에 신 정보시스템을 발주해 동아일보의 경영합리화와 디지털 콘텐츠 제작 기반을 수립했다. 2001년 회장으로 취임한 후에는 새로운 정보 통신 매체의 참여를 통한 차세대 콘텐츠 개발과 동아방송 복원을 위해 디지털 방송을 준비했다.

1999년 10월 신문박물관 건립추진위원회 위원장을 맡아 일본의 신문박물관을 직접 방문해 시설과 전시내용을 참고하는 등 국내외 자료 수집을 위해 백방으로 뛰었다. 건립추진위 설립 1년 만인 2000년 12월 동아 미디어센터 3, 4층에 신문박물관 프레시움(Presseum)을 개관했다. 당시 신문박물관이 있는 나라는 미국, 일본, 독일, 네덜란드 등 7개뿐이었다. 언론사적인가치를 지닌 5,000여 점의 자료를 전시하고 있는 신문박물관은 교육과 즐거움을 접목한 에듀테인먼트(Edutainment)의 신개념을 도입한 21세기형 박물관으로 유치원생과 초등학생들에게 빼놓을 수 없는 교육 장소로 자리매김했다.

오명은 언론사가 정보화의 핵심의 전진기지가 되어야 한다는 생각으로 정보화 캠페인을 정력적으로 추진했다. 1996년 인터넷 유스캠프(IYC) 운동을 시작하였고 전국 대학을 대상으로 인터넷 순회강연을 펼쳤다. '대학 정보화 순위 평가'를 통해 국내 대학의 정보화 수준을 처음으로 객관적인 지표로 평가하고 앞으로의 방향을 제시했다. 이 같은 정보화 평가 작업은 이후 중앙부처 및 지방자치단체에 대한 평가로 이어져 우리 사회 각 분야의 정보화를 선도하는 견인차 구실을 했다. 1997년 1월에는 조선일보와 함께 '전 국민 정보화 캠페인'을 펼쳤다. 당시 나란히 창간 77주년을 맞은 두 신문이 한국의 21세기 정보통신 혁명을 앞당기도록 공익적 소임을 다하자는데 뜻을 같이했다. 모두 10차례에 걸쳐 공동 연재한 특집 기획은 국내 언론사상 최초의 사례였다. 오명 사장은 일본 아사히 신문, 미국 뉴욕타임스와의 교류를 확대하고, 앨빈 토플러, 빌 게이츠, 손정의, 제리 양 등을 초청하여 정보마인드 확산에 앞장섰다.

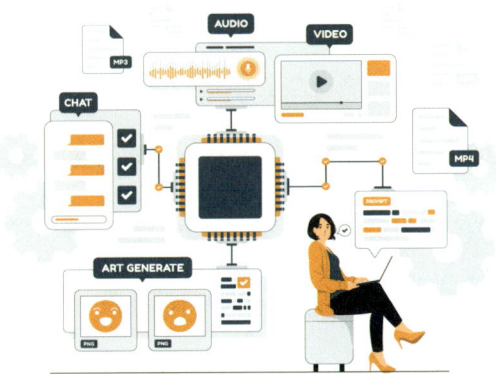

대학을 혁신하다

오명은 학자이기도 하다. 지금도 한국뉴욕주립대학교 명예총장, 몽골 후레대학교 명예 교수, 육군사관학교 석좌교수로 지내고 있다. 무엇보다 아주대학교와 건국대학교, 두 대학의 총장으로서 대학 발전에 이바지 한 점이 가장 의미 깊을 것이다. 이 밖에 KAIST 이사장 등도 지낸 바 있다.

아주대학교 개혁

2002년 당시, 아주대학교는 오랜 학내 분규로 구성원들 간의 갈등이 크고 대우그룹 해체에 따른 재단의 어려움 등으로 어려운 시간을 보내고 있었다. 오명은 총장으로 취임하면서 어수선했던 학내 분위기를 특유의 부드럽지만 강력한 리더십으로 화합의 분위기를 만들어 나갔다. 오 총장은 부임하면서 '서로 상대의 좋은 점을 찾아 칭찬하기 운동'을 벌여 아주대가 겪어온 아픔과 어려움을 치유하는데 많은 직원의 참여를 끌어냈다. 그리고 설립 30주년을 맞아 구성원들 스스로 만든 아주 비전을 선포하여 흐트러졌던 구성원들의 마음을 모아 재도약을 다짐하는 계기를 만들었다.

대학의 학사업무는 교학 부총장에게 의과대학과 병원 관련 업무는 의무부총장에게 권한을 대폭 위임하고 오 총장 자신은 정부, 기업, 동창, 언론의 후원을 끌어내고 국내외 대학과의 협력 관계를 구축하는 등 외부 활동에 많은 시간과 노력을 기울였다. 재임 중 유전체 연구소 유치, 유비쿼터스 프론티어 사업단 유치, 나노 소자 특화팹(fab) 참여, 바이오 연구기반 조성 등을 통해 연구기반을 확충하고 많은 발전기금을 모았다. 또한, 글로벌 캠퍼스 구축을 위해 오 총장은 아주대학교를 글로벌 캠퍼스로 키우는 데 공을 들였다. 재임 기간 13개국 19개 대학과 자매결연을 맺으며 참여 대학이 특정 지역에 집중되지 않도록 모든 대륙의 우수대학을 포함했다. 또 해외 유수 대학과의 복수학위 프로그램도 장착시켰다.

오 총장은 학생들에게도 인기가 대단히 좋았다. 학교가 오래 표류하고 총장이 오랫동안 비어 있는 상황에서 모신 총장인 데다가, 사회적 인지도도 높았기 때문에 학생들의 기대와 안도감, 그리고 총장에 대한 자부심이 높았다. 오 총장은 학생들의 행사마다 참석해서 젊은 이들과 호흡을 같이 했으며 축제에 적극적으로 참여해 학생들과 같이 노래하고 춤추며 어울리는 자상한 총장으로서의 이미지를 만드는 데 성공했다.

경영이 어려웠던 아주대학교 병원도 인센티브 제도를 도입하고 사기 진작을 통해 병원 수익 증대를 가져왔으며 오랜 기간 정체되었던 교수들의 보수 문제도 어느 정도 해결을 해주었다. 아주대병원을 지역 중심병원으로써 뿐만 아니라 전국적으로도 특화된 유명 임상 분야를 육성하도록 추진했다. 이런 노력에 힘입어 아주대병원은 대학병원계에서 리더그룹을 형성했다.

| 아주대학교 총장 취임식 장면

건국대학교 '글로벌화'의 기수

2005년 오명은 건국대학교 총장으로 부임한다. 그때 세운 전략이 '글로벌 건국'이었다. 국제화를 대학 특성화 전략의 하나로 선정하고 외국인 교수를 대폭 확충해 원어 강의 확대, 복수학위 및 교환학생 프로그램 확충 등을 강력하게 추진했다. 자매결연이나 교류협정을 맺은 대학이 34개국 187개 대학으로 대폭 늘어났으며, 해외에서 학습 경험을 할 수 있는 국제교류 프로그램도 다양해져 학생들의 관심과 참여가 많이 늘어났다. 유럽권, 미주권, 중국권, 일본권 등 지역별 거점 대학을 중심으로 교류의 폭과 대상을 확대했다. 오명은 노벨상 수상자 3인을 석학교수로 유치하여 건국대를 세계적 연구중심대학으로 도약시켰다. 노벨화학상 수상자인 로저 콘버그 교수, 물리학상 수상자인 조레스 알페로프 교수, 생리의학상 수상자인 루이스 이그나로 교수가 그들이다. 건국대는 노벨상 수상자가 직접 운영하는 '글로벌 연구실'을 운영함으로써 연구력 증대와 글로벌 네트워크 구축, 공동연구를 통한 연구비 수주 증대 등의 효과를 얻었다. 핀란드가 자랑하는 VTT연구소와 함께 '차세대디스플레이와 전자소자 인쇄 기술 연구소'를 설립하고 독일의 세계적인 연구재단인 프라운호퍼(Institute of Fraunhofer)를 유치하여 '차세대 태양전지 개발을 위한 공동연구'를 추진했다. 또한 세계 최대의 헬리콥터 생산업체인 유로콥터(Eurocopter)와 손잡고 '차세대 헬리콥터 개발사업과 관련한 국제공동연구'를 위한 협정을 체결했다.

2008년 세계수준 연구중심대학(WCU) 육성사업에서 6개 과제나 선정되었으며 이 사업을 통해 5년간 250여억 원의 지원을 받아 첨단과학 및 응용과학 분야의 해외 석학을 초빙해 교육 및 연구 경쟁력을 한 단계 높였다.

오명은 인문학 지원사업에도 노력하여 '통일인문학연구단'을 출범시켰다. 국내 최초로 기술경영(MOT) MBA 과정을 운영하는 경영전문대학원인 밀러 MOT(Management of Technology) 스쿨을 설립했다. 이는 경영학에 기반을 둔 기술경영 프로그램으로 기술경영 창시자인 윌리엄 밀러(William Miller) 교수를 명예원장으로 초빙하고 스탠퍼드

| 건국대학교 밀러 MOT 스쿨 개소식 기념, 윌리엄 밀러 명예원장과 함께

대학교 및 뉴욕주립대학교 등과 긴밀한 협력 체제를 구축했다. 오명은 '대학은 기본적으로 올바른 사람을 길러내는 곳'이라며 전공 교육과 더불어 풍부한 소양과 교양을 갖출 수 있는 인성교육 강화를 위해 'KU 100분100강' 제도를 도입하기도 했다. '100분100강'은 100가지 다른 주제로 해당 분야 최고의 전문가를 강사로 초청하여 매주 새로운 주제별로 100분간씩 특강을 제공하는 것이다. 사람 됨됨이를 바르게 하고 최소한 알아야 하는 교양과 상식을 전달하는 의미 있는 프로그램을 학내에 만든 것이다. 강의 주제를 인문, 기술, 예술, 사회과학, 미래, 사회, 공학 등 6개의 영역으로 세분하여 운영했다. 건국대는 이를 확장하여 사이버연수원을 통해 학생, 시민 모두가 온라인으로 접할 수 있도록 서비스하였고 DVD로도 제작하여 캠퍼스의 영역을 확대했다. 행정시스템 점검을 위한 전문컨설팅 기관을 선정하여 3개월에 걸쳐 종합적인 진단 결과를 기초로 조직 및 인사제도 개선 방안을 마련했으며 행정조직을 재설계하고 합리적인 인력 운영방안, 인사제도 개선, 행정조직 내 성과관리 및 평가시스템까지 단계별로 리모델링하기도 했다. 나아가 특수대학원의 정확한 현황 파악과 설립 목적에 충실한 효율적 운영방안을 모색하였으며 특수대학원위원회를 설치하여 등록금 자율책정권을 부여하고 기준 등록금을 초과하는 금액의 50%는 특수대학원이 자율적으로 집행할 수 있도록 책임경영을 확대했다. 대학의 공간 및 시설 현황 정보를 분석하고 통합 관리하는 공간관리 시스템을 도입해 체계적이고 과학적인 시설 관리 및 정보 인프라 구축에 힘을 쏟았다. 이는 결과적으로 효율적 공간 활용과 획기적인 예산 절감을 가져왔다.

오명은 'IT의 대부'답게 건국대 U-캠퍼스 구축에도 힘을 쏟았다. 4세대 통신망을 적용한 세계 최초의 유비쿼터스 캠퍼스를 구축하고 KT-삼성전자와 산학 협정을 체결했다. 이로써 원격강좌, 녹화 강의, 실시간 자료 다운로드, 학사정보시스템 접속으로 학생들의 교육 및 행정업무의 편의성도 증대됐다. 학교 홈페이지 역시 대대적으로 재구축했다. 기존의 국·영문 홈페이지 재구축은 물론 중문, 스페인어, 시각장애인 홈페이지를 신규 구축했고 대학과 대학원, 연구소, 행정기관 홈페이지도 구축됐다. 메일 및 전자결제 시스템 안정화, 기숙사통합관리시스템, 산학협력단의 연구관리 및 회계 편의성을 위한 종합정보시스템, 지역사회 교사들을 대상으로 한 정보화 교육도 세계 최초의 U 캠퍼스이기에 가능한 일이었다. 또 당시 많은 사람의 관심사였던 법학

전문대학원을 성공적으로 유치했다. 건국대학교가 빠른 속도로 발전하자 인재들이 몰리면서 입학경쟁률이 치솟았다. 2009학년도 정시모집 경쟁률은 8.6대 1을 기록했는데 이는 서울 소재 주요 사립대학 가운데 가장 높은 수치였다.

03

'오명', 식
리더십을 말하다

- 조화 속에 진보가 있다··· "조직의 문화와 전통을 존중하라"
- 최고의 리더십은 '신뢰'··· "믿고 일을 맡겨라"
- 오명이 말하는 '리더십 십계명'

GREAT SCHOLAR
CAREER DECISIONS

03
'오명'식 리더십을 말하다

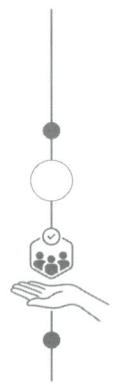

'리더십'의 정확한 의미는 무엇일까. 이 질문의 함의는 지극히 넓고 복잡할 것이다. 표준 국어 대사전을 보면 '무리를 다스리거나 이끌어 가는 지도자로서의 능력'이라고 적고 있지만 사실 '그렇게 하기 위한 능력'이 무엇인지 재차 묻는다면 다시금 수없이 많은 능력이 요구된다고 할 것이다. 그렇기에 리더십은 사람마다 그 정의가 다르고 그 형태 또한 다양하다.

큰 줄기를 구분해 보자면 막스 베버[6]의 구분법이 가장 보편적이다. 그는 리더십을 크게 3가지로 나누었다. 리더와 팔로워 간의 이해관계를 중시하는 '거래적 리더십', 리더의 인간적 매력이나 강  한 통솔력에 기인하는 '카리스마 리더십', 부하들의 가치와 신념, 욕구 차원에서 변화가 일어나는 '변혁적 리더십'이다. 심리학에서는 여기에서 카리스마 리더십을 빼고 구성원에게 목표를 공유하고 구성원들의 성장을 도모하면서 리더와 구성원의 신뢰를 형성시켜 궁극적으로 조직성과를 달성하게 하는 '서번트 리더십'[7]으로 대체하여 구분하고 있다. 이 밖에 조직심리학에서는 리더십을 두 가지 종류로 나누는 경향이 있는데 과업에 초점을 두는 '과제 리더십'과 팀워크에 중심을 두는 '사회적 리더십'이 그것이다. 본 보고서는 이러한 구분을 기본으로 '오명 초대 과학기술 부총리가 제안하는 '사이언스 리더십'을 분석하

---

[6] https://ko.wikipedia.org/wiki/%EB%A7%89%EC%8A%A4_%EB%B2%A0%EB%B2%84
[7] https://ko.wikipedia.org/wiki/%EC%84%9C%EB%B2%88%ED%8A%B8_%EB%A6%AC%EB%8D%94%EC%8B%AD

고 있다. 물론 이 밖에도 수없이 많은 종류의 리더십이 연구되고 있다. 그 종류를 여기에 다 나열하기는 현실적으로 무리라고 판단되며 이런 수많은 형태의 리더십 중 '어떤 종류가 과학기술계에 적합하다'고 이야기하는 것은 의미 없는 일이다. 과학기술계 역시 하나의 목적을 가지고 모인 인간 사회이며 리더와 팔로워들의 성향도 제각각 다르다. 실제로 모든 상황에 맞는 리더십이란 존재하지 않으며 어떤 리더십이 가장 유효하냐는 조직의 형태나 주위 환경, 리더나 팔로워 간의 성향 차이 등 다양한 변수로 인해 정해질 수 있을 것이다.

GREAT SCHOLAR CAREER DECISIONS
조화 속에 진보가 있다:
"조직의 문화와 전통을 존중하라"

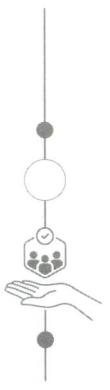

오명은 스스로 '복 받은 사람'이라고 자평한다. 그는 관료로서 성공했을 뿐 아니라 다양한 분야에서 폭넓게 일했다. 그는 고시에 합격한 정통 관료 출신이 아니다. 폐쇄적인 관료사회에서 외부에서 영입된 인사가 자리를 잡기가 힘든데 많은 공무원의 존경을 받으면서 성공한 장관으로 평가받는다. 그는 수재들의 모임인 경기고등학교의 총동창회장을 두 번이나 역임하면서 100주년 기념행사를 성공적으로 치르고 '100주년기념관'을 지었으며 후배들을 위한 장학기금을 마련했다. 장군이 아니면서 육군사관학교 총동창회장이 된 유일한 사람이기도 하다. 오명은 이런 일이 모두 '리더십' 덕분이라고 이야기한다.

그렇다면 그만의 리더십 철학은 어떤 것일까. 오명은 자신의 정책 철학에 대해 한 마디로 '기존의 것을 인정하고, 거기서 조금 더 얹어 놓는 것'이라고 이야기한다.

"리더가 새로 취임하면 기존 체계를 뒤집어엎는 경우가 많아요. 그렇게 하면 안 됩니다. 과거의 것을 받아들이고 거기서 새로운 것을 조금 더 쌓아 올리려고 생각해야 합니다. 저는 어느 조직을 가든 기존에 해 놓은 정책을 최대한 지키려고 했어요. 예를 들어 건국대 총장으로 처음 취임했을 때 제일 먼저 한 말이 '전임 총장이 결정한 것은 모두 유효하다'는 거였습니다."

이 말이 한국의 과학기술 정책에 시사하는 바는 실로 크다고 생각된다. 많은 리더가 모든 것을 새롭게 바꾸기를 원한다. 어떤 사람은 책상과 소파의 위치도 바꾸고 알지도 못하면서 인사를 단행한다. 전임자가 해왔던 모든 일은 잘못된 것으로 깎아내리고 자기의 아이디어로 새로운 정책을 집행하려고 한다. 오명은 "이런 일들이야말로 리더가 저지르는 가장 큰 실수"라고 이야기한다. 실무자들은 몇 십 년 그 일을 해온 최고의 경험자들이다. 모든 가능한 정책을 다 검토해 본 그들에게 리더가 제시하는 새로운 아이디어는 별 볼 일 없어 채택하지 않앞던 방안 중의 하나일 수 있다. 현명한 리더는 업무에 가장 정통한 전문가들의 머리를 빌려야 한다. 전문가들이 건의하는 정책을 검토해서 좋은 안을 채택해 주면 된다. 자기 아이디어로 채택된 정책을 전문가들은 신나서 책임지고 추진할 것이다. 리더는 격려하고 뒷받침해주면 된다. 오명은 "사람들이 나에게 어떻게 그런 많은 아이디어를 내고 좋은 성과를 거뒀느냐고 묻는데 나는 가는 부처마다 최고 전문가인 국장들이 저마다 좋은 정책을 만들어 오도록 하고 그것을 성공시켰기 때문"이라고 설명한다.

오명은 새로 부임하면 항상 "나는 이 조직의 역사와 문화를 존중한다. 여러분들이 지금까지 이룬 업적을 높이 평가한다. 나는 여러분들이 한 일을 모두 존중하고 그것을 이어받아 추진해 나갈 것이다. 이곳의 주인은 여러분들이다."라는 메시지를 전했다고 한다. 리더가 스트레스를 받고 있을 직원들에게 해줄 수 있는 가장 큰 선물은 그런 메시지 아니겠느냐는 것이다.

'조화'를 생각하면 답이 보인다

혹자는 '이 방식으로는 과거를 답습하게 되므로 진정한 혁신이 어렵다'고 이야기한다. 하지만 이는 정도의 문제이다. 기존의 것을 지킨다고 새로운 것을 할 수 없는 것은 아니기 때문이다. 오명은 이런 반론에 대해 "한국은 이제 천천히 발전해야 한다"고 설명한다. 한국은 이제 큰 배가 됐다는 의미다. 즉 가는 방향을 살려 나아가야지, 갑자기 방향을 전환할 수 없는 규모가 됐다는 의미다.

오명은 "앞으로 과학기술계의 리더가 되려는 분들은 이 점을 기억해주기 바란다"라고 여러 차례 강조했다. 무조건 과거의 것을 엎으려고 하면 반발에 부딪히게 되고 새로 시작하는 일도 추진력을 얻을 수 없게 된다는 것이 그의 지론이다.

이처럼 오명의 업무 스타일은 대부분이 '조화'라는 키워드로 설명할 수 있다. 매사에 이 점을 생각하면 무리가 없고 새로운 정책을 펼 때 성공확률 역시 높아

진다는 것이 오명의 스타일이다. 전임자가 쌓아온 정책과 조화를 생각하니 '기존의 것'을 인정하는 스타일을 고수하게 되고 부하 직원 모두의 조화를 생각하게 되니 중지를 모으게 된다. 그러나 매사 남의 의견만 듣는 것은 아니다. 리더일수록 자기주장이 강할 필요가 있는데 자기의 주장과 전체의 중지를 잘 조합하는 것 역시 조화를 지키는 일이다. 외부 기관, 더 나아가 타국과의 업무를 조율할 때도 마찬가지다. 각자의 입장을 명확히 이해하고 그 과정에서 서로 최선의 입장을 생각해 조화를 생각해 보면 답이 보인다. 오명은 "이 과정에서 전체 그림을 보는 능력을 길러야 한다"고 강조한다.

사람들이 나에게 'TDX 연구 시작할 때 연구비가 10억 원도 안 되던 그 시절에 어떻게 몇 백억 원씩 하는 돈을 끌어들여 지원한 것이냐'며 그 비결을 묻더라고요. 이런 질문 많이 받아요. 엑스포 조직위원장 할 때 국제박람회 기구총회(BIE) 설득을 어떻게 했는지도 묻고, 건교부 장관 하던 시절 불가능하다고 불렸던 인천공항 건설 프로젝트 난관을 어떻게 돌파할 수 있었느냐고도 묻죠. 이런것도 시야만 넓다면 즉 판세 전체를 보는 눈을 가지고 있다면 의외로 숙제가 쉽게 풀려요. 예를 들어 TDX 과제 시작할 때, 정부연구비로는 대형연구과제가 불가능하다고 판단됐어요. 그래서 통신사업법을 개정해 "통신사업자는 매출의 일정액 이상을 연구개발에 써야 한다"는 조항을 넣었지요. 데이콤 등 체신부 관련 통신사업체 매출의 3%를 연구개발에 투입 할 수 있게 만들었다는 뜻입니다. 지금 생각해도 '신의 한수'였지요. 이 조항을 처음으로 적용해서 제가 연구비를 만들어 낸 거예요. BIE 설득을 해냈을 때도 그랬습니다. 우리가 1993년에 엑스포를 하기로 했는데, 이미 1992년 세비야 엑스포, 1995년에 오스트리아와 헝가리 엑스포, 그리고 2000년 하노버 엑스포 이외엔 더 하지 않기로 총회에서 의결한 상황이었으니 사실상 유치가 거의 불가능했지요. 이럴 때 무조건 설득을 하려 든다고 되는 것이 아니잖아요. 먼저 그들의 주장을 이해하고 그 논리를 최대한 거스르지 않으면서 우리들의 목표를 관철할 필요가 있어요. 당시 우리는 '개발도상국 최초로 엑스포를 하게 해 달라'는 명분을 내세웠어요. 이 논리는 먹혀들어서, 결국 우리는 전체 회원국 만장일치의 찬성을 얻어낼 수 있었어요. 넓게 보고, 조화 있게 생각해야 판세가 읽어지고 돌파구가 나옵니다."

오명의 이 같은 아이디어는 아직도 국가 경제에 큰 도움이 되는 경우가 많다. 예를 들어 과학기술정보통신부는 현재 매번 새로운 이동통신 서비스가 나올 때 각 통신 사업자에게 주파수를 할당해 주는 대가로 돈을 받고 있다. 보통 수년 정도 기한을 두고 임대하는데, 그 사용료가 수천억 원에 달한다. 이 '전파를 팔자'는 아이디어 역시 오명이 체신부 근무 시절 내놓은 것이 최근 십 수 년 사이에 시행되기 시작한 것이다. 국내 ICT 발전에 가장 많이 이바지 한 사람이 오명이라는 평가가 나오는 건 공연한 이야기가 아닌 셈이다.

GREAT SCHOLAR CAREER DECISIONS
최고의 리더십은 '신뢰': "믿고 일을 맡겨라"

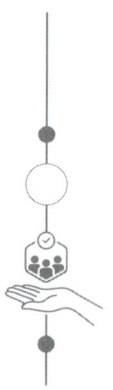

　오명은 "리더에게 필요한 자질 중 하나는 전체를 꿰뚫어 보는 혜안"이라고 이야기한다. 이 이야기는 '신뢰'와 직결된다. 모든 일을 아랫사람에게 맡기되 전체 흐름을 꿰뚫어 보기 위해서는 남보다 많은 훈련과 공부가 필요하기 때문이다. 리더가 해야 할 가장 중요한 일은 아랫사람들이 신나게 일할 수 있는 환경을 만들어 주는 것이다. 그리고 미련할 정도로 기다려주고 부하들을 열심히 칭찬해줄 필요가 있다고 오명은 이야기한다. 오명은 장·차관으로 근무하던 시절, 될 수 있는 대로 회의를 줄이고 모든 일을 국장 중심으로, 국장 책임으로 집행하도록 위임했다. 그러자 국장들이 신나서 일했다. 자기 시간을 스스로 관리하고 의사결정도 직접 할 수 있게 되자 모든 일이 빠르게 진행됐다.

그가 '가장 사랑받는 장관'이 될 수 있었던 까닭

과학계 역시 사람이 모여 구성된 하나의 조직이다. 그러니 이곳에서도 '리더십이 대단히 뛰어난 사람'은 실제로 존재한다. 실제로 과학계 내에서도 어떤 사람은 어느 조직에 가서도 조직을 장악하고 조직을 하나로 결집할 수 있으며 조직 내의 문제도 원활하게 처리한다. 물론 그런 사람은 손에 꼽히며 그런 독특한 사례는 틀에 박힌 리더십 구분법으로 설명하기 어려운 경우가 많다. 즉 자신만의 확고한 리더십 철학을 갖추고 있는 경우가 적지 않다. 오명의 리더십 역시 이런 사례에 해당한다고 볼 수 있다.

오명은 "어떻게 그렇게 많은 업적을 큰 무리 없이 이룰 수 있었느냐"는 질문에 "결국 모든 것은 리더십으로 귀결된다"고 까지 이야기 했다. 조직을 큰 탈 없이 이끌 수 있는 자질이 있어야 결국 큰일을 해낼 수 있기 때문이다. 오명에 대해 "그가 들어가면 어떤 말 많고 탈 많은 조직도 질서를 찾았고, 어떤 맥 빠진 조직도 건강하게 피가 돌았다"고 표현하는 경우까지 볼 수 있다. 그렇다고 그가 강력한 리더십을 발휘하며 부하 직원들에게 무서운 '호랑이 상사'로만 여겨졌던 것은 아니다.

오명은 실제로 여러 조사에서 공무원들이 좋아하는 공직자로 뽑혔다. 2002년 '매일경제'와 '이슈투데이'가 공무원을 대상으로 벌인 조사에 따르면, 1948년 정부수립 이후 '한국을 이끈 관료 베스트 10' 중 4위를 차지했다. 1위는 고건 전 총리이고, 5위가 진념 전 부총리였다. 사실상 장관 중에서는 1위인 것이다. 1993년 월간조선의 조사결과도 흥미롭다. 23개 부처 국장급 300명을 대상으로 시행된 조사였는데, 각 부처의 역대 최고 장관을 묻는 설문조사에서 '최고의 체신부 장관'으로 꼽힌 바 있다. 2001년 '신동아' 조사에선 6공화국 말에서 국민의 정부 초기까지 장관 187명 중 홍순영 외교부 장관, 이어령 문화부 장관 등과 함께 '성공한 장관 4인'으로 꼽히기도 했다.

"사람들은 리더십이라고 하면 단순히 '조직을 장악해서 끌고 가는 것'이라고 생각하지만 내가 생각하는 리더십은 좀 달라요. 내가 생각하는 리더십은 나 자신의 처신이 우선이고 그 다음엔 부하직원과의 대인관계에요. 즉 사람을 내 것으로 만드는 일, 모든 사람이 나를 따르고, 일을 어떻게 진행해 나가고, 사람들에게 어떤 혜택을 줄 수 있는지를 생각하는 것을 기본에 두고 있어요. 이런 관점에서 나는 리더십을 만들어 왔고 그렇게 일을 해 왔어요."

GREAT SCHOLAR CAREER DECISIONS
오명이 말하는 '리더십 십계명'

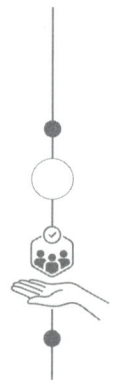

그는 자신의 리더십 형태에 대해 정확하게 10개 항목으로 나누어 정립하고 그것을 실천하고 있다고 소개했다. 그중에서 특히 중요시하는 덕목에 대해 오명은 아래와 같이 설명한다. 오명의 리더십 십계명은 아래의 표와 같다.

| 오명이 말하는 '리더십 십계명' |

1. 리더십의 본질은 덕이다
2. 행복한 직장을 만들어라
3. 조직의 문화와 전통을 존중하라
4. 비전을 가지고 큰 그림을 그려라
5. 리더는 여유와 배짱이 있어야 한다
6. 한번 맺은 인연 평생 간직하라
7. 베풀 수 있을 때 베풀어라
8. 장점을 먼저 보라. 그리고 칭찬해라
9. 행복과 불행은 자기 마음먹기 달렸다
10. 윗사람 눈치 보지 말고 아랫사람 존경 받아라

과학기술계 리더로서 오명의 리더십 십계명은 차근차근 짚어볼 필요가 있다. 그 첫 번째가 덕(德)이다. 오명은 자신의 리더십 철학 중 이 '덕'이 가장 중요하다고 강조한다. 이런 '덕의 리더십'이 발휘되어야 다른 리더십도 결국 힘을 발한다는 것. 오명은 어려서부터 부친으로부터 '똑똑한 사람보다 덕 있는 사람이 되라'는 이야기를 들으면서 컸다고 한다. 덕을 한자로 보면 사람의 곧은 마음을 표현한 것이다. 우선 자기 자신이 올곧은 사람이 되어 남의 모범이 되어야 한다. 그리고 겸손한 사람이 되어야 한다. 리더십을 갖추기 위해선 남이 잘되는 것을 정말로 좋아해야 한다. 그렇다면 이런 리더십이 실제로 발휘된 사례가 있었을까. 오명은 자신이 체신부 차관직을 처음 맡게 됐을 때를 회고했다.

"막상 발령을 받고 보니 제 나이가 41살이었어요. 7만~8만 명이 넘는 조직인데 장관 빼면 전원이 내 지시를 들어야 하는 자리인 거죠. 당시 총무과장이 53살이었으니 제 심정이 어땠겠어요". 그때 생각했어요. '아 여기서 겸손해야 하겠다. 주위에 다 선배들밖에 없구나.' 오명은 당시 겸손하게 덕을 갖추고, 자세를 낮추고 이야기를 주고받은 덕분에 직원들과 소통을 할 수 있었다고 했다. 동아일보 사장으로 있을 때도 그랬다. 직원들 의견을 받아 개혁을 추진한 덕분에 적자 회사를 수천억 원 흑자를 내는 회사로 바꿀 수 있었다.

리더십 십계명 두 번째는 '행복한 조직(직장)을 만들라'는 것. 오명은 체신부 차관으로 있을 때 직원들을 위해  해 줄 수 있는 일이 무엇인지 찾았다. 가난해서 도시락을 가지고 다닐 때인데, 겨울이 되면 가장 고통스러운 것이 찬 도시락을 먹는 일이었다. 그래서 도시락을 따뜻하게 보관할 수 있는 '온장고'라는 것을 다른 예산 다 제치고 모든 우체국에 보급했다. 또 뜨끈뜨끈한 국을 끓여 점심시간에 먹을 수 있도록 해 주었다. 전국 우체국에 여직원 휴게실을 만들어 주었다. 당시는 여름휴가 가는 것을 생각하기 어려웠던 시절이다. 해수욕장에 있는 우체국마다 몇 십 개씩 텐트를 치게 해서 직원들이 2박 3일 여름에 바캉스를 갈 수 있도록 했다. 체신부는 전국의 직원들이 바캉스 갈 수 있도록 해주고 솥이나 쌀까지 준비해주니까 모두 부러워했다. 직원들의 유니폼도 세련된 것으로 바꾸었다. 허심탄회하게 대화하는 좌담회를 만들고, 편지로 차관과 소통하는 문화도 만들었다. 차관의 친필편지가 내려가니 어떤 사람들은 그 편지를 액

자로 만들어서 걸어놓기도 했다. 이렇게 되자 차관이 우체국에 내려가면 차관과 기념사진을 찍으려는 직원까지 생겨났다. 가난해서 결혼식을 못한 직원들을 위해서 합동결혼식을 해 주기까지 했다. 퇴근 시간은 반드시 지키도록 지시했다. 이런 일이 쌓이니 처음 부임할 때는 직원들이 그를 '오명 차관'이라고 했는데, 시간이 흐르면서 '우리 차관'으로 부르기 시작했다. 그러다가 차관에서 장관으로 승진을 했다. 조선일보 가십난 기사에 '오명 차관의 승진 발표가 나니 체신부 전 사무실에서 박수가 나왔다'고 보도되기도 했다.

그가 말하는 리더십 십계명 중 세 번째는 '조직의 문화와 전통을 지키라는 것'. 이것은 그의 과학혁신 철학과도 이어진다. '리더로서 반드시 조직 문화와 전통을 존중해야 한다'는 것이 그의 지론. 전임자를 칭찬하고 받아들이고, 거기다 조금 더 보태 놓고 나오려고 해야 일이 된다고 그는 강조했다.

네 번째는 '비전을 가지고 큰 그림을 그려라'는 것이다. 리더가 전체를 볼 줄 알아야 팔로워가 따른다는 점을 잊어선 안 된다는 게 오명의 지론이다. 오명은 이야기를 '원대한 꿈을 가지고 많은 사람을 동참시켜라'는 말로도 표현했다. 오명이 정보화 사회를 이끄는 사령탑에

올랐을 때 처음 한 일은 직원들과 세미나를 한 것이었다. 2000년대는 어떤 사회가 될 것이며 여기에 대비해서 우리는 무엇을 해야 할 것인가. 외부 전문가들의 도움을 받기도 했지만 직원들이 스스로 공부하고 방향을 제시하도록 했다. 직원들에게 큰 꿈을 심어주고 원대한 플랜을 자신들이 만들도록 한 것이다.

대개 장관이 떠나면 흐지부지되기 십상인데, 정보화 장기추진 방안은 직원들 자신이 만들었기 때문에 오명이 떠나도 그대로 유지가 됐다. 2000년대를 향한 정보화 정책은 '오명의 플랜'이 아니라 '체신부의 플랜'이었던 탓이다. 큰 그림을 그리되 모든 사람이 참여해서 다 같이 주인이 되어야 한다는 것이 그의 주징이다.

다섯 번째는 '여유와 배짱이 있어야 한다'는 것. 그는 "리더는 바위 같아야 한다"고 했다. 한번 결정한 건 함부로 바꾸면 안 된다. 정책을 결정할 때까지는 많은 사람의 의견을 듣고 많은 사람의 의견일치를 보아 결정하지만 한번 결정하면 끝까지 흔들림 없이 가야 한다. 그리고 장관급의 리더는 자기가 한 일에 대해 역사의 심판을 받으면 되는 것이다. 청와대 의견이나 언론의 비판, 또는 국회 때문에 추진하던 안건에서 후퇴하면 권위가 떨어지게 된다. 일단 결정하면 무조건 성공시켜야 한다. 반대에 부닥쳐서 번복하거나 밀리면 실무자들은 더는 리더를 신뢰하지 않는다. 일단 시작하면 끝까지 간다는 믿음이 생기면 실무자들이 소신 있게 일을 추진하게 된다. '리더가 한번 결정했다면 끝'이라는 생각을 모든 사람에게 심어주고 나면 다음은 일하기가 아주 편해진다는 것이 그의 지론이다.

오명은 여섯 번째 철칙으로 '인연을 소중히 해야 한다'고 했다. "사람을 확실히 챙겨야 합니다. 10년, 20년 있다 찾아와도 무조건 돕습니다. 한 사람 도와주면 열 명이 그 사실을 알게 돼 있어요. 그게 모이면 리더로서 굉장한 힘이 됩니다. 반대로 윗사람도 마찬가지예요. 내가 한 번 윗사람으로 모셨으면 내가 어떤 자리에 있건 반드시 깍듯이 모셔야 해요."

일곱 번째 항목은 '베풀 수 있을 때 베풀어야 한다'는 것. 그는 "기회 있을 때 베풀어야 하고, 주위에 잘 해야 한다"고 강조했다. "이해가 잘 안 갈지 모르지만, 내 욕을 하고 다니는 사람에게도 잘 해야 해요. 내 욕을 10번 할 사람을 5번 하게 만들면, 그건 5번만큼 나한테 이익이 되는 겁니다. 이런 걸 간과해선 안 돼요."

오명은 여덟 번째 항목으로 '장점을 먼저 보고 칭찬하라'는 이야기를 했다. 다른 사람의 장점을 먼저 보고, 이를 칭찬해야 내 사람으로 만들 수 있다는 이야기다. 이 밖에 아홉 번째 항목은 '행복과 불행은 자기 마음먹기 달린 것'이니 항상 마음가짐을 긍정적으로 가지라는 점을, 열 번째 항목으로 '윗사람 눈치 보지 말고 아랫사람 존경받아라'는 점을 꼽았다.

"오케스트라의 지휘자가 돼라"

오명식 리더십을 한마디로 정의하기엔 다소 복잡하다. 하지만 애써 한 단어를 꼽자면 '신뢰'라고 정의할 수 있지 않을까 여겨진다. 오명은 자신의 리더십 중 실무적으로 가장 필요한 것  한 가지만 꼽아 달라는 질문에 다음과 같이 답했다.

"믿고 맡기는 겁니다. 책임자를 믿어야 해요. 이게 안 되면 모든 게 다 안 됩니다. 세부적인 상황은 당연히 책임자가 더 잘 알아요. 그러니 일단 책임자의 권한이 정해지면 그 권한 안에서는 절대 간섭하지 않고 전폭적으로 지원해야 합니다. 모든 일을 할 때 그렇게 했어요. TDX 개발 사업을 처음 시작했을 때도 그랬고 인천공항을 만들 때도 그랬습니다. 책임자를 믿고 전폭적으로 지원해 왔어요."

물론 부하 직원을 신뢰하는 건 리더십 관점에서 중요한 이야기다. 그러나 그의 리더십 십계명 어디에도 '신뢰'라는 단어는 없다. 그는 십계명 중 어디에 주안점을 두고 이 같은 이야기를 한 것일까. 답은 의외로 간단한 곳에서 나왔다. '믿고 일을 맡긴다는 것은 더 큰 의미에서 어떤 장점이 있느냐'는 질문에 오명은 이렇게 답했다.

"리더란 전체를 보는 사람이에요. 역할 분담이 필요합니다. 리더는 많은 사람에게 이야기를 듣고, 조직원 전체의 머리를 빌려야 해요. 개인이 아는 건 한계가 있습니다. 리더가 세세한 부분을 따지고 있으면 실무자는 의욕을 잃게 되고 리더는 시야가 좁아질 수밖에 없어요. 오케스트라로 따지면 실무자는 악기를 연주하는 사람입니다. 연주하는 방식 하나하나를 일일이 간섭하고 앉아 있으면 모두를 볼 수 없게 되고 연주자만 주눅이 들겠지요. 이렇게 해서 화음이 이뤄질 리가 있습니까. 리더가 해야 할 일은 따로 있습니다. '지휘자'가 되는 거예요. 전체를 보고, 모두가 어울려 목표로 나아갈 방향을 생각해야 합니다."

미래 제언

04

오명이 제안하는 새 시대, 새 국가 만들기

GREAT SCHOLAR
CAREER DECISIONS

04
오명이 제안하는 새 시대, 새 국가 만들기

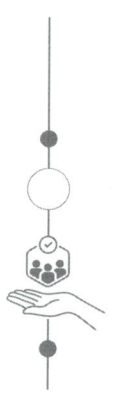

　오 장관은 한국의 미래를 어떻게 생각하고 있을까. 대한민국을 세계 굴지의 IT 강국으로 키워낸 인물이라는 평가를 받는 그는, 앞으로 대한민국의 발전을 위해 과학기술계가 어떤 노력을 해야 한다고 생각하고 있을까. 그가 생각하는 정책은 여전히 '미래지향적'이라는 점에서 대단히 의미 깊다. 인공지능 시대의 양극화 현상 대비, 미래 과학기술 동향, 국가 전체 교육 정책까지 폭넓게 제언하고 있어 의미 깊게 읽어볼 필요가 있다.

"교육시스템 이대로는 안 된다… 대학·학과 간 벽 허물자"

교육은 국가의 근간이다. 어떤 분야든 교육이 튼튼해야 발전할 수 있다. 과학기술 분야에 대한 교육 체계는 특히 그러하다. 과학기술의 발전이 국가 경제에 미치는 영향을 생각해 볼 때, 교육시스템의 개편은 국가 전체의 역량 개선에 필수 불가결하다고 이야기해도 과언은 아니다. 오 장관은 이 문제에 대해 어떤 견해를 갖고 있을까.

오 장관은 이 문제에 대해 "새로운 시대에 맞는 새로운 교육 체계 도입이 시급하다"고 강조한다. 그 근거는 첫째로 과학이 발전하며 인류 수명이 많이 늘어나고 있다는 데 있다. 오 장관은 "2030년에 태어난 아이들의 평균수명은 120세, 2050년 태어나는 아이들의 평균수명은 150세까지 늘어날 것으로 알려져 있다. 실제로 이 정도까지 늘어날지는 알 수 없지만 지속해서 수명이 늘고 있으며 또 앞으로도 늘어날

것은 분명한 사실"이라고 지적했다. 실제 통계청에 따르면 국내 평균 수명은 1970년 62.3세에서 2021년 83.6세로 약 21년 늘어났다. 조지아공대의 최신 연구에 따르면[8] 1950년 이후 출생한 이른바 '신인류'는 100세 이상 수명이 보편화 될 것으로 보인다.

이렇게 되면 현재의 교육시스템으로는 큰 무리가 따른다. 현재는 대학에서 공부한 지식만으로 30여 년을 일하는데 이것만으로도 사실 큰 무리가 따라 많은 자기계발이 요구되고 있다. 그런데 앞으로는 그보다 훨씬 더 긴 기간을 일해야 한다. 22세에 대학을 졸업하고 100살까지의 80년 남짓, 혹은 그 이상 일을 해야 하는 시대가 다가오는데, 4년간의 전공수업이 과연 도움이 되겠냐는 것이 오 장관의 지적이다.

여기에 대한 오 장관의 주장은 명쾌하다. 학교 교육은 삶에 필요한 '기본'을 쌓는 체계로 바꾸도록 하고 직능 교육은 평생교육 시스템으로 돌려 개개인이 자신에게 필요한 공부 알아서 하는 시스템으로 바꾸어 나가야 한다는 것이다. 그러기 위해선 교육시스템을 뿌리부터 바꿔나갈 필요가 있다는 것이 오 장관의 주장이다.

---

[8] https://m.dongascience.com/news.php?idx=59189

대학부터 개편해야

가장 먼저 대학 수업을 개편해야 한다. 문제의 제기와 토론 중심으로 진행하여 창의력과 판단력을 키우는 능력을 길러줘야 한다. 미국의 일부 유명  교수들은 자기 강의는 인터넷으로 듣고 오도록 하고 수업시간에는 토론을 위주로 진행하고 있다. 우리 역시 이런 체계를 도입할 필요가 있다. 모든 대학교가 문을 활짝 열고 학생들이 자기 학교 교수뿐만 아니라 우리나라 분야별 최고 교수들의 강의, 나아가 세계 석학들의 강의를 온라인으로 듣도록 하고 수업시간은 토론 위주로 진행한다면 대학 교육수준도 크게 올라가고 대학 간의 서열화 문제도 상당히 해소될 뿐만 아니라 대학운영비용도 줄어들 것이다. 아울러 망국적 사교육 부담 문제, 나아가 저출산 문제 해결에도 도움이 될 것이다.

이는 장기적으로 현재 대학 내의 세분된 전공학과 간의 벽을 허무는 효과도 가져오게 된다. 대학을 졸업하고 직장에 나가 보면 폭넓은 지식이 필요한 것을 알게 된다. 예를 들면 전자공학과에 들어가면 2학년부터 거의 전자공학 위주로 교과과정이 편성되어 있는데 막상 졸업하고 전자회사에 취업해 보면 전자공학 못지않게 기계, 금속, 화학 등 다양한 지식이 필요한 것을 알게 된다.

오명은 "미국 공과대학은 1, 2, 3학년은 거의 공통과목을 폭넓게 가르치고 4학년이 되었을 때 자기가 원하는 전공과목을 몇 가지 선택하는 식으로 운영하는 경우가 많은데 이와 같이 우리나라 대학에서도 전공학과의 벽을 허물뿐 아니라, 한 걸음 더 나아가 문과대학 이과대학 등 대학의 벽도 허물어야 한다"고 이야기 한다. 각자가 자기가 필요로 하는 과목을 학과, 대학의 벽을 넘어 자유롭게 선택하여 폭넓은 지식을 습득하도록 하여야 한다.

오명은 우리나라가 이런 준비를 서둘러야 한다고 강조한다. 앞으로 공교육에서 가르쳐야 할 건 인성과 기초학력, 논리적이고 과학적인 사고방식 같은 기본적인 것들이며 이런 교육은 절대 쉽지 않으며 미리부터 철저한 준비가 필요하다고 했다. 물론 이런 시스템으로 갑자기 송두리째 바꾸기는 어렵다. 그 중간과정 역시 필요하지 않을까. 오명은 그 첫걸음이 '문·이과 통합'이라고 생각한다고 했다. 그는 "최근 점점 이 두 학문의 구분이 모호해지고 있으니 이건 당장 시행해야 할 일"이라며 "굳이 학과를 여러 개로 나누는 이유를 알 수 없다"고 했다.

장기적으론 교육 커리큘럼 전체 재점검해야

그 이후는 어떤 절차가 필요할까. 오명은 중고등학교 시스템도 조금씩 개선해 나갈 필요가 있다고 했다. 장기적으로는 교육 커리큘럼 전체를 재점검해야 하고, 현재 초등학교 6년, 중·고등학교 각 3년, 대학 4년의 체계를 갖고 있는데, 미래 교육시스템에 맞추려면 이 시스템이 바람직한지 처음부터 다시 점검할 필요가 있다고 했다.

세계경제포럼보고서에서 '전 세계 7세 어린이의 65%는 지금 없는 직업을 가질 것'이라는 전망이 나왔다. 우리 주변에도 이러한 변화는 이미 와 있다. 과거 우리나라의 농업인구는 90%가 넘었지만, 지금은 5%밖에 되지 않는다. 지금 우리 주변에서 인기가 높은 인플루언서, 클라우드 서비스 전문가, 소셜미디어 전문가 같은 직종은 10년 전에는 존재하지 않았다는 점을 생각하면 일자리 구조가 얼마나 급변하고 있는지 느낄 수 있다. 미래학자들은 일자리에 가장 타격을 받을 직종으로 의사, 회계사, 법조인 같은 전문직을 꼽는다. 그렇다면 우리는 없어질 직종을 가르치기 위해 목을 매고 있는 것이 아닐까? 지금 대학에서 가르치고 있는 전공과목들이 얼마나 의미가 있는지 생각해 봐야 한다. 오명은 이런 부분은 공론화를 통해 교육 전문가들과 함께 하나씩 다듬어 나가야 할 필요가 있다고 주장한다.

과학정책 재검토는 필수 사항

오명은 국가과학기술 석학답게 국내 과학기술 정책에 대한 제언도 아끼지 않았다. 과학기술을 하는 데 필요한 것은 두 가지, 예산과 방향성일 터, 오명은 '채권발행'과 '바이오'라는 두 가지 키워드로 미래를 대비해야 한다고 제언했다.

"과학기술 채권' 발행 추천한다"

연구를 위해선 비용이 필요하다. 이런 비용을 마련하는 다양한 방안을 고민하는 것 역시 미래에 든든한 과학기술 기반을 만드는 데 꼭 필요한 일이다.

오명은 이 문제에 대해 '과학기술 채권' 발행을 추천한다고 했다. 그는 "과학기술 분야야말로 국가 채권발행에 꼭 어울리는 분야라고 본다"며 "우리가 기술을 개발하면 후대가 혜택을 보게 되는데, 그렇다면 후대가 지급할 채권을 발행해 사용하는 것은 지극히 자연스러운 일 아니겠느냐?"고 했다.

오명은 대전엑스포 조직위원장 시절 스페인 세비야 엑스포 준비 현장을 방문한 적이 있다. 그때 그곳의 논쟁 하나가 엑스포 회장 접근성을 높이기 위한 도로를 건설하는 문제였다. 도로를 건설하는 데 막대한 자금이 들어가기 때문에 엑스포를 위해서 그렇게 많은 자금을 쓸 필요가 있느냐 하는 논란이 있었는데 주최 측에서 그 도로는 엑스포만을 위한 것이 아니라 후손들에게 큰 도움이 된다는 것을 강조했고 많은 국민이 후손들에게 도움이 되는 도로라면 채권을 발행해서 혜택을 받는 후손들이 갚도록 하라고 주장하여 자금문제가 해결됐다고 했다.

과학기술 투자는 선점하는 것이 중요하다는 것이 오명의 주장이다. 남보다 먼저 집중 투자를 해야 한다. 10년 후를 내다보고 지금 과감한 과학기술투자를 하는 것은 후손들에게 도움이 된다는 것이다. 우리 세대의 복지를 위해 채권을 발행하여 후손들에게 부담을 주는 것이 바람직하지 않지만, 후손을 위한 과학기술 투자는 당연히 혜택을 받는 당사자들이 부담하는 것이 옳을 수 있다. 오명은 그런 기회를 만들어 주는 것이 우리의 책무이기도 하다고 했다.

오명은 과학기술 부총리 시절 많은 토의 끝에 어렵게 2,600억 원의 과학기술채권을 발행한 전례가 있다. 오명은 "꼭 채권 한 가지만 이야기하는 건 아니다. 과학기술인들은 주로 정부에서 집행한 비용을 수동적으로 받아서 쓰는 데 익숙한데, 이런 식으로 예산을 다변화하려는 노력은 꼭 필요하다"고 했다. 오명은 그동안 과학기술 채권을 발행하고 기업 매출의 일정액을 연구개발에 쓰고 주파수를 팔아서 연구개발 자금을 마련하는 등 여러 가지 방안으로 과학기술 투자를 늘려 왔다. 과학기술인들도 정부에서 편성한 예산을 수동적으로 받아쓰지만 말고 스스로가 적극적으로 노력해서 다양한 방법으로 과학기술 연구 자금을 확보해 나가면 좋겠다고 했다.

"바이오 분야에 '과감한 도전' 계속해야

바야흐로 인공지능(AI) 시대다. AI 연구개발에 뒤처지면 결국 시대에 뒤처지는 국가가 된다는 건 이미 기정사실이다. 적어도 지금 세계

과학기술계의 대세가 AI라는 데 이견을 제시할 사람은 드물다. 오명 역시 이 사실에는 자체는 이견이 없다. 문제는 AI 이외에 우리가 어떤 것을 할 수 있느냐다. AI 한 가지에만 모든 연구자의 시선이 이처럼 집중되는 현상이 과연 바람직할까. 대한민국의 미래 먹거리는 반드시 AI에만 있을까. AI라는 대세를 따라가는 것은 필연적이지만, 우리만의 독자적 경쟁력은 필요하다. 우리는 그 경쟁력을 어디서 찾아야 할까. 이점은 국가과학기술 체계를 고민하는 사람이라면 누구나 고민하는 주제일 것이다.

오 장관은 여기에 대해 명쾌하게 '한국은 바이오에 집중해야 한다'고 제안한다. 사람은 누구나 결국 아프게 된다. 인간의 기술이 다다르

는 종착점이 결국 바이오 분야다. 이 분야에 관심을 두고 달려들면 실패는 보지 않는다는 것이 오 장관의 지론이다.

바이오 분야 전반에 관한 연구는 기본적으로 중요하지만, 오 장관은 특히 미래 바이오 분야의 핵심 기술에 집중해 주길 권장한다. 동물의 장기를 사람에게 적용하는 '이종장기' 연구, 줄기세포 연구, 면역치료기술, 동물복제, 오르가노이드(장기유사체) 등 난치병 해소의 핵심 열쇠가 될 법한 기술들이다.

지금 이런 분야 연구에 유럽과 중국, 미국 등 선진국들은 사활을 걸고 달려들고 있다. 그런데 국내에선 황우석 사건 이후 연구가 침체해 있는 상황이다. 한국은 한때 선두 그룹이라 칭해도 좋을 정도였는데, 지금은 분위기가 사뭇 뒤처져 있다. 오명은 "예를 들어 동물복제, 가장 잘하는 나라 중 하나가 한국이다. 마약 탐지견 등을 만들 때 실제로 활용한다. 그런데 요즘 점점 뒤처지고 있는 게 보인다"면서 "정부에 지금 추진력 있게 일을 진행해 주는 사람이 없어서 그렇고, 현재 과학기술계 리더를 맡은 후배님들이 과감하게 가주시라 권하고 싶다"고 했다.

물론 이런 연구는 필연적으로 윤리문제에 부딪히게 된다. 생명의 근원을 건드리는 기술이다 보니 인간, 혹은 고등동물에 무분별하게 적용되면 많은 부작용이 우려될 수 있어서다. 하지만 기술을 확보해야 윤리문제에서도 발언권을 확보할 수 있다는 것이 오명의 지론이다. 예를 들어 다른 두 종의 동물을 결합하는 것을 '키메라'라고 하는데, 윤리적으로 이런 연구를 하는 것은 지탄을 받을 수 있다. 그런데 필요하다면 이 연구도 해야 한다. 당연히 연구 윤리는 지켜야 합니다만, 그 윤리를 만드는 과정이 문제다. 윤리문제에서 자유롭기 위해서라도 우리가 기술을 가지고 있어야 한다고 오명은 주장한다. 우리가 기술을 갖고 있어야만 윤리 기준도 우리에게 유리하게 이끌 수 있기 때문이다. 요즘 AI 개발 과정에서 윤리를 놓고도 시끄러운데, 이것도 기술이 있어야 선도할 수 있다. 아니면 남이 만들어 놓은 윤리 기준을 무작정 따라가야 한다.

"국가시스템 개편도 필요⋯ 시대에 맞는 역할 고민해야"

오명은 국가시스템 전체에 대한 조언도 남겼다. 시대가 변하면서 국가나 민간, 시민들이 그 시대에 맞는 역할이 있다는 것. 거기에 따라 국가시스템의 개편 역시 필요하다는 것이 오명의 지적이다.

민간과 정부 역할, 철저한 분리 필요

대한민국의 과학기술 정책은 실제로 '정부주도'하에 발전해왔다. 한국과학기술정책연구원(STEPI)에 따르면[9] 우리나라의 과학기술 정책은 대부분 정부주도 하에 이뤄져 왔다. 산업화 과정에서는 두말할 나위 없으며, 21세기 들어선 이후에도 이런 경향은 크게 줄지 않았다. 정부-민간 연계장치의 특성은 표면적으로는 민간 전문가의 참여가 활발하게 이루어지고 있으나 정책 결정에 실질적인 영향력을 미치기보다는 관료 주도적인 특성이 강하고 민간의 참여는 자문적, 정보제공

---

9   김성수. 2007. 한국 과학기술 정책네트워크의 특성분석 :
    관료주도 정책결정시스템의 원인과 대안. 과학기술정책연구원.

적, 동원적인 특성이 많은 것으로 여겨진다. 물론 여기에 대한 지속적인 개선 노력은 이어지고 있어 앞으로 변화가 기대되고 있다.

오명은 이런 변화의 흐름이 더욱 가속될 필요가 있다고 봤다. 지금까지 정부주도하에 많은 발전이 있었고 분명 성과라고 할 만한 부분이 있지만 앞으로는 정부와 민간의 역할을 더욱 철저히 분리해야 할 필요가 있으며 실제로 그런 시기가 오리라는 것이 오명의 예측이다.

그렇다면 그 역할은 어떻게 나눠야 할까. 민간이 연구해서 돈을 스스로 벌 수 있는 분야는 정부의 관여를 줄여나가고 대신 민간이 할 수 없지만 미래에 결국 도움이 되는 분야에 대한 정부 투자를 늘려나가야 한다. 경제성은 보이지만 민간이 엄두를 내지 못하는 분야, 즉 기초 기술 분야 중 공공성이 큰 분야에 정부가 우선 투자하라는 것이 오명의 지적이다.

예를 들어 미래 친환경 자동차 시장은 크게 수소차와 전기차, 두 개 분야로 양분될 것으로 예상한다. 많은 나라가 취급이 까다로운 수소차 분야를 포기하다시피 하고 있다. 전기자동차가 수소보다 개발하기 편하고, 개발 성과도 더 빨리 나오기 때문이다. 그러나 장기적으로 볼 때 수소를 이런 취급을 해서는 안 된다는 지적도 많다. 궁극적으로는 수소차로 갈 수밖에 없기 때문이다. 나아가 선박, 항공기 등의 분야로 시야를 넓히면 수소는 미래에 필수 불가결한 에너지다.

오명은 국내에서 수소차 연구를 처음 시작하던 당시를 이렇게 회고했다. "예를 들어 내가 과기부총리를 맡고 있던 시절 진행했던 사업 중에 수소 에너지 관련된 것들이 있었어요. 수소를 싣고 다니려면 탱크가 튼튼해야 하는데, 이런 건 정부가 미리 만들어 놔야 한다고 생각했지요. 당장은 쓸모가 없지만 이런 건 10년, 15년 후 쓰이는 기술이기 때문이에요. 그래서 반대도 많았지만 수소탱크를 포함한 다양한 인프라 연구를 사업단 만들어서 제대로 지원하자고 했었고 이 기술이 지금 쓰이는 거예요. 그 덕분에 우리나라 말고 제대로 수소차 하는 나라, 지금 거의 없어요."

오명이 이야기하는 정부의 역할은 이런 형태다. 비단 연구개발 기능뿐 아니라 모든 일에서 국가가 맡아야 할 일과 민간이 맡아야 할 일은 그 역할이 나뉜다. 국가의 역량을 동원해 민간이 할 수 없는 분야를 선점해 두는 것. 그리고 민간이 나서 이런 과실을 산업으로 바꾸어 수확하는 시스템을 갖추자는 것이 그의 지론이다.

정년 없애는 데 앞장서자

우리나라 많은 기업은 50대 중반이면 퇴직을 한다. 가장 늦게 퇴직하는 대학도 65세면 은퇴를 한다. 기술적으로나 학문적으로나 완숙한 그리고 건강한 나이에 은퇴하는 것이다. 즉 아까운 인력을 그대로 사장 시키고 있다. 은퇴한 노인들을 위해서 그나마 배려한 일자리는 청소부나 아파트 경비원 등이다. 그리고 한쪽에서는 사람이 부족하다고 아우성이다. 고령화가 심화 되면서 노인을 위해 젊은 세대가 부양해야 할 짐도 날이 갈수록 더 무거워 지고 있다. 완숙한 과학기술자의 능력을 계속 활용하는 방법은 없을까? 해답은 우리가 다 알고 있다. 미국은 이미 정년이 없다. 나이를 묻지 않는다. 이 방법을 따라가면 되는 것이다. 물론 정년을 없애려면 먼저 연공서열이나 호봉제 등의 문제 등 해결해야 할 것들이 많다. 오명은 이런 문제는 사회적 합의를 통해 해결할 수 있는 문제인 만큼, 조속히 정년제도 철폐를 검토해야 한다고 주장한다.

심층 인터뷰

05

· 오명 초대 부총리 겸 과학기술부 장관 '심층 인터뷰'

GREAT SCHOLAR
CAREER DECISIONS

05
오명 초대 부총리 겸 과학기술부 장관 '심층 인터뷰'

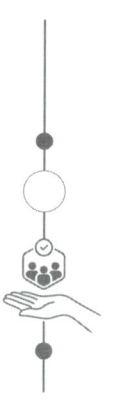

오명 전 부총리 겸 과학기술부 장관(이하 오명)과는 두 시간이 넘는 인터뷰를 두 차례 진행했다. 짧지 않은 시간 내내 혀를 내 두른 것은 그의 달변도, 그의 방대한 일생의 업적도, 놀랍도록 빠르고 정확한 기억력도 아니었다. 1940년생, 여든을 훌쩍 넘어 아흔을 바라보는 나이라고는 도저히 믿어지지 않는 체력이었다. 눈빛은 힘이 있었고 등은 언제나 꼿꼿했다. 긴 인터뷰 시간 내내 조금도 지치는 기색 없이 자신의 일대기와 그에 담긴 철학을 쉴 틈 없이 쏟아냈다. 40대인 필자조차 쉽게 하기 어려운 일이었다.

체력은 리더의 기본적 자질 중 하나. 아마 일생 그가 이뤄낸 업적엔 이런 '체력'이 크게 기여했을 것이다. 그러나 리더가 되기 위한 조건이 체력만 있는 것은 아니다. 선천적 체력이 없다면 노력해서 얻을 수 있고, 그 방법을 찾는 것은 어렵지 않다. 대한민국 과학계를 이끌어 나갈 차세대 리더에게 전하는 그만의 경험과 철학은 어떤 것이 있을까. 오명이 차세대 과학기술계 리더에게 '이것만은 반드시 알아주었으면 좋겠다'며 전하는 메시지만을 추려 인터뷰 형식으로 담았다.

Q 과학기술계라는 특수 상황은 좋은 리더를 찾는 과정에서 문제가 되는 경우가 많다. 과학자들의 리더는 과학자가 아니면 할 수 없지 않은가. 과학적 전문성을 갖고 있으면서 동시에 탁월한 리더십까지 갖춘 사람을 찾기란 쉽지 않다. 이 문제는 과학계가 해결해야 할 큰 숙제다.

A "이 부분은 오해가 있다. 물론 과학에 대해 완전히 무지하면 과학계의 리더를 하기 어렵다. 하지만 과학계에선 '전문성 높은 사람 = 능력 있는

리더'로 착각하는 경향이 있다.

내가 체신부 장관으로 있을 때 이야기를 하고 싶다. 그때 강조했던 이야기가 '행정을 맡으면 기술을 버려라'는 이야기였다. 기술을 알면 리더십을 발휘하는데 도움이 될 것 같지만 사실상 걸림돌이 되는 경우를 더 많이 봐 왔다.

모든 분야의 지식에 통달한다면야 문제가 없을 것이다. 그러나 사람이 그렇게 될 수는 없다. 전문가란 특정 분야에 몰입된 사람이다. 이런 사람이 리더가 된다면 어떻게 될까. 보고가 올라오면 자기 분야 관련해서 흠잡는 건 잘할지 모르지만 일이 잘 흘러가지 못하는 경우를 많이 본다. 너무 시야가 좁아지는 것이다. 나는 이런 것을 '전문가의 늪'이라고 부른다.

리더는 폭넓게 많이 알려고 노력해야 하고 전체적인 일의 흐름을 짚기 위해 노력해야 한다. 전문적인 부분은 철저히 권한을 위임해야 한다."

Q 그렇다고 과학기술에 문외한인 사람을 과학기술계의 리더로 삼을 수는 없지 않은가.

A "일부러 비전문가를 리더로 뽑으라는 이야기가 아니다. 리더의 자질을 먼저 보아야 한다는 이야기다. 과학기술계 리더 중 가장 대표적인 사람을 뽑으라면 아마 과기부(과학기술부·현 과학기술정보통신부) 장관일 것이다. 그동안 역대 장관들을 쭉 살펴보자. 반드시 과학기술자 출신만 과학기

술부 장관이 되는 것은 아니었다. 정치인이 장관이 되는 일도 있었고, 경제인 성향이 강한 사람이 장관이 되는 일도 있었다. 그런데 꼭 과학기술자 출신이 장관이 되었을 때만 일이 더 잘 되었느냐 하면 그건 아니었다. 논문만 쓰던 사람이 갑자기 리더가 되면 오히려 그게 더 위험할 수 있다."

Q 과학현장을 알지 못하는 사람이 과학기술계의 지도자가 되므로 인해 생기는 문제도 간과할 수 없을 듯싶다.

A "물론이다. 각각 장단점이 있다. 그러니 두루 길을 열어 두어야 한다. 과학기술에 대해 전문성이 있는 사람이 행정을 잘 알고 리더십도 있어 과학계를 잘 이끌어 준다면 이는 아주 좋은 일이 될 것이다. 하지만 그런 사람을 찾기 어렵다면 다른 곳에서라도 찾아와야 하지 않겠는가. 역으로 과학기술인들도 장관, 차관, 기관장 등 리더가 되려면 행정을 알아야 하고 조직을 이끄는 방법도 알아야 한다. 과학기술인들이 관료가 되려면 행정을 먼저 배울 필요가 있다는 이야기다. 개인적인 생각에서 가장 좋은 방법으로 과학계 핵심 리더급 인물은 정부 부처에서 국·과장급 업무를 경험해 보도록 하는 게 좋다. 여러 아이디어를 모아 부작용을 최소화할 방법을 고민한다면 길은 있을 것이다."

Q 과학기술자 출신으로 리더십을 인정받은 행정가가 각 정부 부처에서 많이 활약하고 있다면 어느 정도 이런 문제를 해결할 수 있을 것이다. 그런 분야에서 역할을 하기 위해 큰 노력을 기울이는 테크노크라트(과학기술정책전문가)들도 의외로 여럿 볼 수 있다. 그런데 이런 사람들의 역량이 의외로 저평가되는 것도 사실이다. 이런 부분에 대해 조언은 없는가?

A "이 문제는 과학기술인 스스로 해결해 나가야 한다. 역량은 충분한데도 대우를 받지 못한다는 것은 그런 인식이 만들어져 있다는 이야기다. 이는 그간 과학기술계 테크노크라트들이 (전문가적 시각을 놓지 못하는 등의 문제로 인해) 리더십 면에서 상대적으로 뒤떨어진 역량을 보이면서 쌓여온 것들이다. 실제로 시야가 좁다. 과학계 내부만 보고, 그 위를 보는 경우가 적다. 문제를 해결하려면 시야를 국가 전체로 넓혀야 하는데, 그렇지 못하는 경우가 적지 않다.

내가 건설교통부 장관이던 시절 이야기를 잠시 해 보자. 당시 인천국제공항 건설이 가장 큰 숙제였다. 이걸 해결하기 위해서 나 스스로 전문가가 되려고 했거나, 전문가와 공감하려고 했으면 문제 해결이 됐겠는가? 이 경우 리더가 할 일은 따로 있다. 나는 그 분야 일을 할 수 있는 전문가를 찾아 법적+예산적 권한을 모두 주고 책임도 함께 주었다. 나는 그 위 단계의 일을 맡았다. 책임자라도 주어진 권한에 한계가 있는 경우, 그 권한을 넘어서는 문제에 한해서 내가 나서는 것이다. 혹은 책임자의 권한을 조정해 줄 필요 등이 있기 마련이다. 전문가는 전문가로서 할 일이 있다. 특정 분야 일을 잘 할 수야 있지만 리더가 되면 넓은 시각을 가져야 한다. 이 점을 잊어서는 안 된다."

Q 그렇다면 현재 과학기술계의 리더로 활약하는 사람들이 개선해 나가야 할 점, 혹은 미래 과학기술계 리더가 되고자 하는 사람이 길러야 할 핵심 역량은 어떤 것이 있을까.

A "앞서 이야기했듯이 '전문가의 늪'에 빠지지 말아야 한다. 한 단계 위에서 전체 그림을 보는 능력을 길러야 하고, 그러기 위해서는 내가 잘 아는 분야의 잣대로만 생각하지 말아야 한다. 나도 전자공학을 전공하고 교수, 연구원 등을 지낸 이공계 분야 전문가이다. 하지만 리더로 있을 때 과학기술계 관련 프로젝트를 맡게 되면 항상 한 단계 더 위에서 생각하려고 노력했다. 예를 들어 2차 고속철도 도입 문제를 놓고 '국산화'로 방향이 잡혔을 때 일이다. 이때 내가 할 일은 철도 기술의 우월성을 기술적으로 따지는 것이 아니다. 전문가들이 철도 기술 국산화를 연구할 수 있는 '한국철도기술연구원' 설립이라고 생각했다. 그래서 건설교통부 산하 기관장들과 간담회를 자주 가지며 방안을 논의하고, 그들의 자율권 인정해 주고 동시에 협력 체제를 다지도록 유도했다. 리더가 고민해야 할 것은 조직을 이끌고 나아갈 방법이다. 세부적인 방법론, 즉 특정 분야 전문성에 관한 것은 책임자에게 일임해야 한다."

Q 사라져 버린 '세계 자유도시' 프로젝트에 대해 남기고 싶은 말이 있을 것 같다

A "일생 가장 아쉽게 생각하는 것 중 하나가 '세계 자유도시' 사업이다. 나는 인천국제공항을 건설하면서 '이왕 세계적인 공항이 들어서고 있으니, 공항 인근 영종도 일대에 최고 수준의 비즈니스 도시도 만들 수 있지 않을까'라고 생각했다. 국내법의 제한에서 벗어나 누구나 자유롭게 비즈니스할 수 있는 곳, 특정 금액을 투자한 사람에게 영주권을 주며, 세계인 누구나 자유롭게 여행할 수 있는 곳, 한국어와 영어가 공용어가 되고, 세계인 누구나 공무원이 될 수 있는 곳, 즉 홍콩이나 싱가포르보다 더 뛰어난 세계 최고 수준의 무역도시를 만들고자 했다.

당시는 홍콩의 중국 반환을 앞두고 그곳에 거점을 두고 있던 많은 기업이 이동 준비를 하던 시절이었다. 영종도 일대는 동북아 허브공항이 들어서는 데다 세계적인 항구도 가까이에 있다. 한국은 완벽한 통신 서비스도 제공해 줄 수 있다. 지리적으로도 중국, 일본과 가까워 세계 많은 기업이 관심을 두지 않을 수 없었다.

이에 '영종도 세계 자유도시 플랜'이라는 보고서를 만들어 세계 6개 대학에서 프레젠테이션을 했고, 미국과 일본, 프랑스 등에 방문해 기업인들을 대상으로도 설명회를 했다. 투자하려는 기업은 정말로 많았다. 한국 정부의 예산을 쓸 필요 없이 해외 투자 유치만으로도 도시를 건설하고 남을 정도

였다. 대통령실의 지원도 약속받았다. 영종도가 세계 비즈니스의 중심이 되는 것은 시간문제로 보일 정도였다. 그러나 반대 의견에 부딪혔다. 일부 국내 전문가들이 '외자가 너무 많이 들어오면 국내에 인플레이션이 생겨서 안 된다'는 주장을 하기 시작한 것이다. 국내 정치가 복잡해지면서 발표가 계속 지연되다가 결국 다음번 대통령에게 넘어갔다. 그러다 외환위기가 터졌다. 온 나라가 구조조정으로 곤욕을 겪느라 이런 대규모 프로젝트는 감히 추진할 수 없는 상황이 되었다. 그러는 사이에 영종도에 관심이 있던 많은 기업이 밴쿠버나 싱가포르로 자리를 옮겼다. 동북아의 주도권을 장악할 절호의 찬스를 놓쳐버린 것이다. 세계 자유도시 건설이 성공적으로 추진됐다면 우리나라 경제의 기틀은 한층 더 굳건해졌을 것이고, 외환위기도 겪지 않았을지 모른다."

GREAT SCHOLAR CAREER DECISIONS
미래 과학 한국 위한 '국가적 리더십' 확보해야

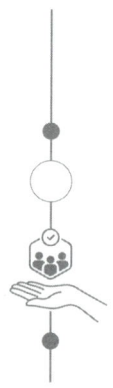

지금까지 오명의 업적과 리더십, 철학을 통해 대한민국 과학기술과 산업의 발전사와 역사 등에 대해 짚어봤다. 1981년 체신부 차관으로 시작해 현재까지 40년이 넘는 기간 동안 대한민국 과학기술계를 지켜온 산 증인, 오 장관의 업적과 이력에 대해 의구심을 갖는 사람은 지극히 소수일 것이다. 한 사람의 일대기를 정리한 수준에서 벗어나, 앞으로 이 땅에 걸출한 과학기술계 리더들이 연이어 등장하는 데 도움이 되도록 하는데 그 의미가 있다 하겠다.

본 보고서는 오명의 업적과 일대기를 바탕으로 정리되었다. 오명은 경기고등학교와 육군사관학교를 졸업하고 서울대와 뉴욕주립대 스토니브룩에서 전자공학 석사와 박사 학위를 받았다. 이후 연구원 생활을 거쳐 육군사관학교 교수로 있다가 1980년 마흔의 나이에 청와대 경제비서관으로 관직에 들어섰다. 그 후 1년도 채 되지 않아 체신부 차관으로 발탁, 8년 동안 체신부에서 차관과 장관으로 일하면서 다양한 국가 연구개발 사업을 주도했다. 현대 사회에 유지되고 있는 정보화 기틀 대부분이 오명 지휘 아래 닦여졌다 해도 과언이 아니다. 전기통신공사를 설립하고 데이콤, 한국전자통신연구원(ETRI), 정보통신정책연구원, 한국전산원, 한국이동통신주식회사, 한국통신기술주식회사, 한국통신진흥주식회사 등의 설립을 이끌어 'IT 강국 대한민국'의 기틀을 닦았다. 재임 기간 가장 큰 사회적 문제였던 전화적체를 완전히 해소하고 전화 1,000만대 보급, 신청 당일 전화설치, 전국전화 자동화를 완성하여 이른바 '80년대 한국의 통신혁명'을 진두지휘했다.

오명을 이야기하면 많은 사람이 'TDX 개발사업'부터 떠올린다. 당시 정부에 10억 원 연구개발 프로젝트가 어렵던 시절, 연구원 1,000명, 개발비 240억 원을 투입해 '단군 이래 최대 연구개발 프로젝트'라고 불렸던 사업이다. 오명은 당시 체신부 차관으로 근무하며 많은 사람의 우려와 반대를 무릅쓰고 이 프로젝트를 강력히 추진해 대성공을 거둔다. 이 사업의 개발 성공은 향후 국내에서 대형 과학기술 투자의 이어나가는 발판이 되었다. 이후 국내에선 4M DRAM 반도체, 슈퍼미니컴퓨터, CDMA 이동통신 기술, 와이브로(한국형 4세대 이동통신 기술), DMB(디지털 멀티미디어 방송) 상용화 등의 굵직한 프로젝트가 연이어서 성공하면서 국내 IT 기술이 빠르게 발전했다. 전자정부의 토대가 된 행정 전산망 구축사업 등도 모두 그의 지휘 아래 이뤄졌다.

그는 체신부 이외에도 다양한 정부 부처를 두루 거쳤다. 부총리 겸 과학기술부장관, 교통부 장관, 건설교통부 장관을 역임했다. 과학기술정보통신부에 재직하며 한국 첫 우주발사체 '나로호' 사업을 성공적으로 이끈 점, 한국 최초의 우주인 배출 사업을 진행한 것 등도 그의 치적으로 꼽힌다. 과기부총리 시절엔 우주개발 진흥법을 제정하고 한국 최초의 우주인을 탄생시켰으며 우리가 만든 인공위성을 우리 땅에서 우주로 쏘아 올리는 데 선도적인 역할을 했다. 바이오산업 육성에 앞장섰고, 전 세계를 잇는 생물다양성센터를 만들기도 했다. 건설교통부장관으로 근무하며 세계 최고의 공항으로 평가받는 '인천국제공항' 건설, 고속열차 국산화를 성공적으로 이끈 점 등도 높이 평가받는 업적이다. 지금도 철도기술연구원은 강당을 '오명홀'로 명명해 두고 있다. 오명은 한국이 동북아시아의 물류 허브로 자리잡는데 기여했다. 대한민국 입국 절차 간소화, 고속도로 버스전용차로제 시행, 물류국 신설, 물류현대화 마스터플랜을 수립 등의 업적을 남겼다.

1993년에 열렸던 '대전엑스포'의 정부대표 겸 조직위원장을 맡았던 것도 기록할 만한 업적이다. 한국이 아직 개발도상국이던 시절, '과학한국'의 이미지를 세계에  알린 '1993년 대전엑스포'의 성공적 개최는 오명 스스로도 자랑할 만한 업적으로 꼽는다. 대전엑스포는 개발도상국가가 처음으로 도전한 엑스포였는데, 많은 사람이 제때 문을 열지 못할 것이라고 우려했다. 국제박람회기구(BIE) 총회에서 2000년까지의 엑스포 개최 일정을 확정하고 더는 추가하지 않기로 결정한 상황에서, 오명(당시 조직위원장)은 공인엑스포를 '한 번 더 개최하는 안건'을 만장일치로 통과시키는 데 성공했다. 그리고 큰 우려를 떨치고 108개국, 33개 국제기구가 참가하고 1,400만 명의 관람객이 찾은 성공적인 엑스포를 개최했고 BIE는 오명의 공로를 높이 평가해 2007년 골드메달을 수여했다.

그가 정부 부처 요직만 지낸 것은 아니다. 아주대 총장, 건국대 총장, 국립암센터 초대이사장, 한국과학기술원(KAIST) 이사장 등도 역임하며 학계에서도 큰 활약을 했다. 민간에서는 한국 야구위원회(KBO) 총재, 동아일보 사장·회장 등을 거쳤다. 동아일보 재임 시절엔 국내 '정보화 캠페인'을 이끌어 국가 역량 강화에 이바지했다.

오명은 5공화국 시절 장관을 시작해 6공화국과 문민정부에서 장관을 역임했고 국민의 정부에서도 부총리 제의를 받았으며 참여정부에서 부총리를 지내는 등 모든 정권에서 행정부 수반으로 일했던 특이한 경력의 소유자다. 그것도 모든 정권에서 모든 업무를 성공적으로 수행했다는 평가를 받는다. 1993년 월간조선이 23개 부처 국장급 300명을 대상으로, 각 부처 최고 장관을 묻는 설문조사에서 최고의 체신부 장관에 꼽혔으며 2006년 신동아가 국장급 고위공무원을 대상으로 노태우 정권 말기에서 김대중 정권 초기까지의 장관 187명을 대상으로 한 조사에서 '성공한 장관 4인'에 꼽혔다. 88서울올림픽의 정보통신 시스템을 성공적으로 운영한 공로로 모교인 뉴욕 주립대학교(스토니브룩)의 UNIVERSITY PROFESSOR로 초빙되었으며 2017년 신설된 '명예의 전당'에 첫 번째로 이름을 올렸다. 뉴욕주립대학교는 현재 한국 송도 분교를 운영하고 있으며 오명이 이곳의 명예총장을 맡고 있다. 2003년 고려대학교에서 주관한 '정책인 대상'을 수상하였으며 2002년 매일경제신문과 이슈투데이가 고위공무원을 상대로 1948년 정부수립 이후 관료 중에서 선정한 '베스트텐'에 선정되기도 했다. 장관 중에는 첫 번째였다. 학계, 언론계가 뽑은 '광복 50년, 한국을 바꾼 100인'에도 선정되는 등 여론조사마다 성공한 장관, 최고의 장관으로 평가된다. 그는 고시에 합격한 정통 관료 출신도 아니다. 일면 폐쇄적인 관료사회에서 외부에서 영입된 인사가 성공한 관료로 평가받는다는 것은 매우 이례적인 일이다. 오명은 이 같은 자신의 업적에 대해 '리더십'을 통해 주위의 역량을 하나로 모으는 것이 가장 주효했다고 자평한다.

따라서 이 보고서의 많은 부분 역시 오명의 '리더십'에 초점이 맞춰져 있다. 그의 리더십은 '서번트 리더십(다른 구성원들이 공동의 목표를 이루어 나가는 데 있어 정신적·육체적으로 지치지 않도록 환경을 조성해 주고 도와주는 리더십)' 형태에 가깝다고 여겨진다. 조직원을 믿고 신뢰하는 것을 최우선으로 치는 그의 지론이 서번트 리더십의 형태가 묻어나기 때문이다. 그러나 경우에 따라서는 카리스마 리더십 형태를 보이기도 하고 또 어떤 경우는 변혁적 리더십의 모습도 묻어나는 등 오명 자신만의 독특한 형태를 취하고 있다. 하나로 정의하기엔 다소 복잡하지만 애써 한 단어를 꼽자면 '신뢰'라고 정의할 수 있지 않을까 여겨진다. 그가 과학기술계 리더들에게 가장 강조하는 것은 '행정을 맡으면 기술을 버려라'는 이야기이다. 문제를 해결하려면 시야를 국가 전체로 넓혀야 하는데, 그렇지 못하는 경우가 많다고 오명은 이야기한다.

오명은 이 같은 경험을 바탕으로 국가 미래에 대한 조언도 아끼지 않고 있다. 앞으로 'AI 혁명의 시대'라는 점을 감안, 그에 적합한 국가 혁신정책을 고민할 것을 조언하고 있으며 인류 수명 증가에 따라 대학의 벽을 허무는 교육 시스템 혁신도 강조하고 있다. 학교 교육은 삶에 필요한 '기본'을 쌓는 체계로 바꾸도록 하고 직능 교육은 평생교육 시스템으로 돌려 개개인이 자신에게 필요한 공부 알아서 하는 시스템으로 바꾸어 나가야 한다는 것이다. 장기적으로는 교육 커리큘럼 전체를 재점검하자는 주장도 나온다. 현재 초등학교 6년, 중·고등학교 각 3년, 대학 4년의 체계를 갖고 있는데, 미래 교육시스템에 맞추려면 이 시스템이 바람직한지 처음부터 다시 점검할 필요가 있다고 그는 주장한다. 또 과학기술 기금 마련을 위해 '과학기술 채권' 발행을 추천하고 바이오 분야 연구에 대한 '과감한 도전'을 계속하길 권장하기도 한다. 동물의 장기를 사람에게 적용하는 '이종장기' 연구, 줄기세포 연구, 면역 치료기술, 동물복제, 오르가노이드(장기유사체) 등 난치병 해소의 핵심 열쇠가 될 법한 기술들에 집중 투자해야 미래가 있다는 시각도 내비쳤다.

과학기술계 역시 사람들이 모인 조직이다. 이처럼 개성이 넘치는 수재들의 집합에서 그들의 역량을 하나로 모으는 '리더'의 역량이 무엇보다 중요할 수 있다. 이런 점을 생각할 때 오명의 업적과 철학 그리고 리더십의 가치에 대해 정리해 두는 것은 향후 과학기술계의 발전과 국가의 미래를 위해 큰 가치가 있다고 여겨진다.

이런 국가의 리더십, 시스템의 리더십을 쌓아 나가는 과정은 저절로 이뤄지지 않는다. 이 과정에서도 누군가의 리더십이 필요하다. 오명의 업적은 지대하다. 대한민국이 개발도상국을 넘어 선진국으로 진입하는 과정에서 그가 발휘했던 전무후무한 리더십의 영향력은 이 땅의 선진화에 큰 기여를 했다 이야기해도 과언은 아니다. 그렇다면 우리는 이 사례를 들어 미래를 대비해야 한다. 이 책이 새로운 이 땅의 과학기술 리더십을 쌓아 나가는 과정에서 하나의 작은 이정표가 되어 주길 간절히 기대한다.

| 미국 뉴욕주립대학교 공과대학에는 졸업생인 오명의 업적을 기려 그의 사진과 훈장 그리고 그의 좌우명인 'Dream Big, Execute with Consensus'라는 문구가 전시돼 있다.

발행처
한국과학기술한림원
031) 726-7900
kast@kast.or.kr

발행인
유욱준

발행일
2024년 4월

홈페이지
http://www.kast.or.kr

정책제언 및 집필
• 정책제언: 오명 초대부총리 겸 과학기술부장관
• 집필: 전승민 과학기술분야 전문 작가

디자인/인쇄
경성문화사

이 보고서의 모든 저작권은 한국과학기술한림원에 있습니다.